***ACCESO GRATIS** a la Lectura en la Nube*

Para visualizar el libro electrónico en la nube de lectura envíe junto a su nombre y apellidos una fotografía del código de barras situado en la contraportada del libro y otra del ticket de compra a la dirección:

ebooktirant@tirant.com

En un máximo de 72 horas laborales le enviaremos el código de acceso con sus instrucciones.

INFORME SOBRE LA ACCIÓN INSTITUCIONAL DE LOS SINDICATOS Y ASOCIACIONES EMPRESARIALES EN ESPAÑA

INFORME SOBRE LA ACCIÓN INSTITUCIONAL DE LOS SINDICATOS Y ASOCIACIONES EMPRESARIALES EN ESPAÑA

Tomás Sala Franco
Catedrático de Derecho del Trabajo y de la Seguridad Social
Universidad de Valencia. Estudio General

Eva López Terrada
Catedrático de Derecho del Trabajo y de la Seguridad Social
Universidad de Valencia. Estudio General

Adrián Todolí Signes
Catedrático de Derecho del Trabajo y de la Seguridad Social
Universidad de Valencia. Estudio General

Ángela Martín-Pozuelo López
Profesora Ayudante Doctroa de Derecho del Trabajo y de la Seguridad Social
Universidad de Valencia. Estudio General

tirant lo blanch
Valencia, 2025

En caso de erratas y actualizaciones, la Editorial Tirant lo Blanch publicará la pertinente corrección en la página web www.tirant.com.

Informe elaborado en el marco del Proyecto de Investigación "*La transición a la economía respetuosa con el medio ambiente y consciente del cambio climático desde la perspectiva del derecho del trabajo individual y del empleo*" (PID2021-124045NB-C33), financiado por MCIN/AEI/10.13039/501100011033/ y por FEDER Una manera de hacer Europa.

EDITA: TIRANT LO BLANCH
C/ Artes Gráficas, 14 - 46010 - Valencia
TELFS.: 96/361 00 48 - 50
FAX: 96/369 41 51
Email: tlb@tirant.com
www.tirant.com
Librería virtual: www.tirant.es
DEPÓSITO LEGAL: V-170-2025
ISBN: 978-84-1071-938-5
MAQUETA: Tink Factoría de Color

Si tiene alguna queja o sugerencia, envíenos un mail a: *atencioncliente@tirant.com*. En caso de no ser atendida su sugerencia, por favor, lea en *www.tirant.net/index.php/empresa/politicas-de-empresa* nuestro procedimiento de quejas.

Responsabilidad Social Corporativa: http://www.tirant.net/Docs/RSCTirant.pdf

Sumario

Prefacio

El presente libro pretende, por una parte, dar una respuesta objetiva al desarrollo del Art. 7 de la Constitución, cuando reconoce que *"los sindicatos de trabajadores y las asociaciones empresariales contribuyen a la defensa y promoción de los intereses económicos y sociales que les son propios"*, dándoles la calificación de *"asociaciones de relevancia constitucional"*.

El libro se centra en la denominada *"acción institucional"* de ambos interlocutores sociales a todos los niveles —comunitarios, internacionales, estatales, de comunidad autónoma, provinciales o de ámbito inferior—, en un intento, necesariamente fallido por complejo y casuístico, de exhaustividad, replanteando en ellos la cuestión de la representatividad de aquellas organizaciones no calificables de *"más representativas"*.

Por otra parte, el libro sale también al paso de los injustificados ataques neoliberales a estas *"sociedades intermedias"*, sin cuya existencia las democracias liberales estarían faltas de las necesarias redes que conecten los partidos políticos y las instituciones del Estado con los ciudadanos.

Y, aprovechando, en este último sentido, las llamadas del Acuerdo del actual Gobierno PSOE/SUMAR al impulso *"de una ley que regule la presencia de los interlocutores sociales en los diversos órganos de las Administraciones Públicas"*, por lo demás existente ya en muchas Comunidades Autónomas, nos hacemos eco de su necesidad para ordenar, aclarar y en su caso completar sus múltiples actuaciones, oportunidad que debería ser aprovechada para introducir una clara y nítida regulación de la financiación de estas organizaciones y de su necesario y estricto control por parte las distintas entidades públicas.

I. La acción institucional de los sindicatos y asociaciones empresariales

El Art. 7 de la Constitución Española (en adelante, CE) establece que *"los sindicatos de trabajadores y las asociaciones empresariales contribuyen a la defensa y promoción de los intereses económicos y sociales que les son propios"*.

Con base en este precepto, desde el principio, el Tribunal Constitucional ha reconocido a los sindicatos y a las asociaciones empresariales una facultad de representar a todos los trabajadores y empresarios con independencia de su afiliación, atribuyendo a los sindicatos y asociaciones empresariales, por razón de las funciones públicas que realizan, el carácter de *"asociaciones de relevancia constitucional"*.

La acción colectiva de los sindicatos y de las asociaciones empresariales no se agota en el ámbito de la empresa con la participación institucional (derechos de información, consulta y cogestión), la representación sindical, la negociación colectiva, las huelgas o la participación en otros procedimientos de solución de conflictos laborales, sino que trasciende de este ámbito participando, con mayor o menor intensidad, en la elaboración y aplicación de la política económica y social del Gobierno a través de muy diversas vías, que podrían genéricamente denominarse *"vías de acción institucional"*, hecho que constituye uno de los fenómenos más interesantes de nuestro tiempo.

Estas "*vías de acción institucional*" se proyectan sobre una multitud de ámbitos en continua expansión, entre los que deben incluirse, inexorablemente, las transiciones globales digital y ecológica. Si bien no existen dudas de la importancia a efectos laborales de la primera, podría debatirse la implicación de los agentes sociales en la "*cuestión medioambiental*". Pese a una posible reticencia inicial, cada vez son más intensas las acciones sindicales en esta materia. No podría ser de otro modo dado que, como señala la Organización Internacional del Trabajo (OIT), "(e)*l desarrollo sostenible sólo es posible con la participación activa del mundo del trabajo*", pues "(l)*os gobiernos, los empleadores y los trabajadores no son observadores pasivos, sino más bien agentes del cambio, capaces de desarrollar nuevas modalidades de trabajo que protejan el medio ambiente*"[1].

La presencia de los sindicatos y asociaciones empresariales en la vida pública puede ser diferente. Así, básicamente, es posible distinguir entre la vía de la *"participación institucional"* en órganos de las distintas Administraciones Públicas (en adelante, AAPP) y la vía de la *"concertación o diálogo social"*, según que exista o no una normativa que prevea y regule la participación de los sindicatos y asociaciones empresariales.

Las claves de la *"acción institucional"* de los sindicatos y asociaciones empresariales vienen referidas a las ideas de *"corresponsabilidad social"* de los agentes sociales en la política económica y social del Gobierno y de *"gobernabilidad política"* por parte de los Gobiernos o, si se quiere, a la idea del oportuno o conveniente *"intercambio político"* entre los agentes sociales y el Estado, sin que por ello una tal práctica pueda ser acusada de *"neocorporativismo"* y de *"antidemocrática"*, esto es, de suplantar la actuación parlamentaria y gubernamental, dado que la *"participación institucional"* será siempre, informativa, consultiva o, todo lo más, coparticipativa en la toma de decisiones políticas y la *"concertación social"* nunca será obligatoria sino siempre voluntaria.

---

1 OIT, *Directrices de política para una transición justa hacia economías y sociedades ambientalmente sostenibles para todos*, Ginebra, 2015, apartado 15. En extenso sobre este tema, por todos, véase CHACARTEGUI JÁVEGA, C., "Sostenibilidad y trabajo decente. El papel de los agentes sociales", *Documentación Laboral*, núm. 128, Vol. I, 2023, pp. 51-68 y doctrina ahí citada.

II. La participación institucional

La *"participación institucional"* de los sindicatos y asociaciones empresariales no solamente se refiere a los organismos públicos laborales, sino que alcanza también a organismos públicos no laborales.

Por otra parte, esta participación institucional se desarrolla a muy distintos niveles: internacional, comunitario europeo, estatal, de comunidad autónoma, provincial y local.

La participación institucional, en fin, se realiza con muy distintas funciones: codecisoras en unos pocos casos y las más de las veces consultivas o meramente informativas.

II.1. LA PARTICIPACIÓN INSTITUCIONAL EN ORGANISMOS INTERNACIONALES

La participación de los sindicatos y organizaciones empresariales en el seno de la Conferencia General de la OIT constituye la expresión más importante de la acción institucional de unos y otras a nivel internacional.

II.1.1. Aspectos organizativos

La OIT no es una organización puramente gubernamental o política sino de carácter tripartito ya que sus órganos integran la representación gubernamental, la sindical y la empresarial.

En la Conferencia Internacional del Trabajo, órgano deliberante de la Organización, la delegación de cada Estado está integrada por cuatro delegados: dos gubernamentales, uno sindical y otro empresarial (aunque puede estar incompleta en el sentido de contar solamente con la presencia de los delegados gubernamentales, pero no pudiendo darse representación patronal sin la social y viceversa).

Los delegados sociales son designados por cada Estado previa consulta con las organizaciones nacionales sindicales y empresariales *"más representativas"*. En efecto, el Art. 3.5 de la Constitución de la OIT señala que *"los (Estados) miembros se obligan a designar los delegados y consejeros técnicos no gubernamentales de acuerdo con las organizaciones profesionales más representativas, de los empleadores y de los trabajadores del país considerado, con la reserva de que tales organizaciones existan"*, actuando en el seno de la OIT a estos efectos una Comisión de Verificación de Poderes, que examina los poderes de los delegados y presenta informe a la Conferencia que decide en última instancia.

Ahora bien, no se concreta a qué *"organizaciones profesionales más representativas"* se refiere, dejando en este sentido libertad a los Gobiernos para que propongan ellos. Tan sólo cabrá *"a posteriori"* plantearse si la propuesta gubernamental es o no discriminatoria o atentatoria del derecho de libertad sindical.

En los países con pluralidad sindical —este es el caso español— se establece un turno rotatorio entre los diversos sindicatos más representativos.

II.1.2. Aspectos funcionales

La principal tarea de la OIT es la aprobación de las normas laborales internacionales, esto es, de los Convenios y de las Recomendaciones, cuyo procedimiento de elaboración y eficacia jurídica son distintos.

En cuanto al procedimiento de elaboración, la iniciativa corresponde a los Estados y organizaciones profesionales con representación en la OIT. Tras la consulta posterior a los Estados miembros y, en su caso, la inclusión de un tema en el orden del día de la Conferencia Internacional del Trabajo, se lleva a cabo normalmente una doble discusión. En una primera reunión de la Conferencia se decide si procede elaborar un Convenio y/o una Recomendación y en la siguiente reunión se aprueba —en todo caso por mayoría cualificada de dos tercios de los delegados presentes— el proyecto de convenio y/o recomendación.

Por lo que se refiere a su eficacia jurídica, si lo aprobado es un convenio, éste solamente obliga a cumplirlo a los países que lo hayan ratificado, pero todo Estado miembro queda obligado a someterlo en el plazo de un año a la ratificación por parte de la autoridad competente del mismo (por lo general, su órgano legislativo) y, en el caso de no ratificación, a informar a la OIT del estado de su legislación y de las razones que le impiden ratificarlo.

Una vez ratificado el convenio por un Estado miembro, este queda obligado a hacer todo lo necesario para aplicarlo. Lo cual dependerá de dos factores: de un lado, del régimen constitucional de ese Estado (en España basta con publicar el convenio ratificado en el BOE para que ese convenio forme parte del ordenamiento interno, según el Art. 96.1 de la CE; en otros Estados será preciso convertirlo en una ley interna); de otro lado, y sobre todo, del contenido mismo del Convenio, es decir, de si éste es suficientemente completo o detallado (*"auto-ejecutivo"*) como para ser aplicado por los tribunales o si, por el contrario, necesita de ulteriores desarrollos y concreciones. La mayor parte de los convenios precisa de ese desarrollo complementario.

El cumplimiento de los convenios se controla por la propia OIT mediante la obligatoria remisión por parte de los Estados de informes o memorias anuales de acuerdo con los formularios preparados por el Consejo de Administración. Sobre la base de esas memorias actúan un *"Comité de Expertos para la aplicación de convenios y recomendaciones"* (integrada por 20 miembros independientes) y la *"Comisión* (tripartita) *de la Conferencia Internacional del Trabajo sobre aplicación de convenios"*. El Comité puede formular observaciones al respecto del cumplimiento de los convenios en el informe que somete a la Comisión; ésta, a su vez, puede señalar en sus conclusiones los casos en que los Estados han encontrado graves dificultades en el cumplimiento de sus obligaciones (la llamada *"lista especial"*), la inclusión en la cual viene considerada como una sanción moral que, de hecho, los Estados tratan de evitar.

Por su parte, las organizaciones sindicales y empresariales pueden formular *"reclamaciones"* ante el Consejo de Administración, pudiendo este órgano, si no queda satisfecho con la contestación del Estado afectado, hacer públicas dichas reclamaciones y la respuesta formulada por el Gobierno interesado. Igualmente, cualquier otro Estado que haya asimismo ratificado un convenio determinado puede formular *"quejas"* contra un Estado incumplidor ante el Consejo de Administración, lo que puede dar lugar al nombramiento de una Comisión de Investigación y, en el caso de que sus recomendaciones no sean aceptadas por el Gobierno interesado (salvo que éste acepte, al menos, someter la cuestión al Tribunal Internacional de La Haya), a que el Consejo de Administración recomiende a la Conferencia Internacional del Trabajo las medidas oportunas para asegurar la ejecución del convenio.

En cuanto a las recomendaciones —que se utilizan para temas que no están todavía maduros para la aprobación de un convenio, como complemento de los convenios o para materias excesivamente técnicas—, todo Estado miembro queda obligado a informar a la OIT sobre el estado de su legislación y sobre las prácticas y medidas que se han adoptado o se piensan adoptar para ejecutar lo recomendado. Su aplicación, no obligatoria, se controla por el Comité de Expertos a partir de las mencionadas memorias remitidas por los Estados.

En todo caso, el abandono de la OIT por un Estado miembro —que podrá hacerse mediante preaviso de dos años— no le exime del cumplimiento de las obligaciones derivadas de los Convenios ratificados. Cuestión distinta es que un Estado, aun sin abandonar la OIT, denuncie un Convenio ratificado por él.

Desde el punto de vista de su eficacia jurídica interna, los Convenios de la OIT —al igual que el resto de los tratados internacionales ratificados y publicados en el BOE— formarán parte de nuestro ordenamiento interno (Art. 96.1 de la CE) y, por ello, obligan a sus destinatarios y, en último término, deberán ser aplicados por nuestros tribunales, siempre que se trate de normas completas que no precisen de un desarrollo y complemento posterior. Se trata de verdaderas *"super-leyes"* de rango en cierto modo superior a las leyes internas españolas, en la medida en que los tratados internacionales ratificados no pueden ser derogados, modificados o suspendidos salvo en la forma prevista en el propio tratado (Art. 96.1 de la CE), por lo que una ley interna posterior no puede afectar a su aplicación. No obstante, quedan sometidos a la CE, pudiendo —en cuanto entren a formar parte de nuestro ordenamiento— ser objeto de recurso o de cuesción de inconstitucionalidad. Para evitar los problemas que, desde el punto de vista de las obligaciones internacionalmente adquiridas, se plantearían en caso de declaración de inconstitucionalidad de un Convenio ratificado, se prevé en el Art. 95.2 de la CE, como medida preventiva, la posibilidad de someter la cuestión de la inconstitucionalidad al Tribunal Constitucional antes de la ratificación del mismo.

La OIT también puede emitir Resoluciones, que expresan simplemente la opinión de la Organización internacional sobre determinadas materias, careciendo por tanto de eficacia jurídica alguna, tratándose normalmente de anticipaciones de futuros Convenios o de Recomendaciones.

El contenido de las normas de la OIT es muy variado, refiriéndose a multitud de materias laborales: libertad sindical, trabajo forzoso, igualdad de trato, empleo, política social, administración del trabajo, relaciones profesionales, condiciones de trabajo, seguridad social, trabajo de las mujeres, trabajo de los menores, trabajadores de edad, trabajadores migrantes, trabajadores indígenas y tribales y categorías especiales de trabajadores (gente del mar, pescadores, navegación interior, trabajadores portuarios, plantaciones, arrendatarios y aparceros).

Los Convenios y Recomendaciones de la OIT suelen referirse a los siguientes contenidos sociales:

a) A los derechos fundamentales: trabajo forzoso, libertad sindical y no discriminación. Así, por ejemplo, los importantes Convenios n.º 87 (1948), de libertad sindical y protección del derecho de sindicación; n.º 98 (1949), sobre el derecho de sindicación y de negociación colectiva;

b) A las condiciones de trabajo y seguridad social: negociación colectiva, jornada y tiempo de trabajo, salarios, maternidad, trabajo de menores o seguridad y salud laboral.

c) A programas de política social y de empleo y formación profesional.

d) A la Administración Laboral y a la Inspección del Trabajo.

e) A distintos tipos de trabajadores: migrantes, de las Administraciones Públicas, a domicilio, de enfermería, de la hostelería y la restauración, agrícolas, empleados del hogar, etc.

II.2. LA PARTICIPACIÓN INSTITUCIONAL EN ORGANISMOS DE LA UNIÓN EUROPEA

En el seno de la Unión Europea (en adelante, UE) existen numerosos Comités de naturaleza consultiva en materias sociales, en cuya composición participan los agentes sociales, entendiendo por tales a los representantes de los empresarios y trabajadores, si bien en algunos de ellos participan también representantes de los consumidores y de trabajadores autónomos (profesiones liberales, pequeños comerciantes, agricultores, transportistas, etc.).

Existen dos grandes grupos de Comités consultivos: los Comités creados por los Tratados Fundacionales y los Comités creados por el Derecho Derivado.

II.2.1. Los comités previstos en los Tratados Fundacionales

Los Tratados Fundacionales prevén dos organismos consultivos en materia social: el Comité Económico y Social Europeo (en adelante, CESE) y el Comité del Fondo Social Europeo Plus.

II.2.1.1. El Comité Económico y Social Europeo (CESE)

La regulación del CESE se encuentra en los Arts. 300-304 del TFUE y en su Reglamento interno, de mayo de 2022[2].

---

2 Ampliamente sobre el importante papel del CESE y su funcionamiento, véase por todos RAMOS QUINTANA, M. I., "El Comité Económico y Social Europeo: la especial relevancia de su función consultiva en el entramado institucional de la Unión Europea", *Trabajo y derecho: nueva revista de actualidad y relaciones laborales*, n.º 15, 2022, p. 1-17.

II.2.1.1.1. Aspectos organizativos

El CESE, con sede en Bruselas, está formado por 329 miembros elegidos por cada Estado miembro, por un periodo renovable de cinco años, en un número que depende, aproximadamente, de su población (España designa 21 miembros) que representan a la *"sociedad civil organizada"* de los diferentes países.

En el CESE existen tres grupos, constituidos por representantes empresariales (Grupo I), sindicales (Grupo II) y del conjunto de agricultores, transportistas, comerciantes, artesanos y profesiones liberales (Grupo III).

Los miembros del CESE trabajan para la UE y actúan con independencia de sus gobiernos.

El CESE designa de entre sus miembros al presidente y a dos vicepresidentes por periodos de dos años y medio y elabora su Reglamento de Régimen Interno, que requerirá la aprobación unánime del Comité.

II.2.1.1.2. Aspectos funcionales

Las funciones del CESE son las de asistencia con carácter consultivo al Parlamento Europeo, al Consejo de la UE y a la Comisión Europea, emitiendo dictámenes o pareceres a solicitud de éstos o por propia iniciativa. Sus tareas principales son:

1ª) Velar porque la política y la legislación de la UE se adapten a las condiciones económicas y sociales, en busca de un consenso que sirva al bien común.

2ª) Promover una UE participativa, dando voz a las organizaciones de trabajadores y empresarios y otros grupos de interés y garantizando el diálogo con ellos.

3ª) Promover los valores de la integración europea e impulsar la causa de la democracia participativa y las organizaciones de la sociedad civil.

Los dictámenes del CESE se adoptan por mayoría simple y son preceptivos, pero no vinculantes, en una serie de casos previstos en los Tratados, en materias laborales tales como la libre circulación, la formación profesional, el empleo, la seguridad social, la prevención de riesgos laborales, los derechos de sindicación o de negociación colectiva y, en general, las condiciones de trabajo.

El CESE cuenta con secciones especializadas en distintas materias (agricultura, transportes, cuestiones sociales, etc.).

II.2.1.2. El Comité del Fondo Social Europeo Plus (FSE+)

El Fondo Social Europeo Plus (FSE) está regulado en los Arts. 162-164 del TFUE, en el Reglamento 2021/1057, de 24 de junio de 2021 y en su Reglamento interno.

II.2.1.2.1. Aspectos organizativos

Cada Estado miembro nombrará a un representante del Gobierno, un representante de las organizaciones sindicales de trabajadores, un representante de las asociaciones empresariales y un suplente para cada miembro por un plazo máximo de siete años. En ausencia de un miembro, su suplente estará automáticamente facultado para tomar parte en las deliberaciones.

Además, incluirá a un representante de cada una de las organizaciones que representen a las organizaciones sindicales de trabajadores y a las asociaciones empresariales a escala de la Unión.

II.2.1.2.2. Aspectos funcionales

El Comité será consultado sobre el uso previsto de la ayuda técnica a que se refiere el Art. 35 del Reglamento 2021/1060 en caso de apoyo procedente del capítulo del FSE+ en régimen de gestión compartida, así como sobre otras cuestiones que tengan repercusiones sobre la aplicación de estrategias a escala de la Unión que sean pertinentes para el FSE+. Asimismo, podrá dictaminar sobre:

a) Cuestiones relacionadas con la contribución del FSE+ a la ejecución del pilar europeo de derechos sociales, incluidas las recomendaciones específicas por país y las prioridades relacionadas con el Semestre Europeo, por ejemplo, los programas nacionales de reforma.

b) Cuestiones relativas al Reglamento (UE) 2021/1060 que sean pertinentes para el FSE+.

c) Cuestiones relativas al FSE+ que le someta la Comisión, distintas de las mencionadas en el apartado 5.

Sus dictámenes se adoptarán por mayoría absoluta de los votos válidos emitidos y serán comunicados al Parlamento Europeo, al Consejo, al Comité Económico y Social Europeo y al Comité de las Regiones para información. La Comisión informará por escrito al Comité del FSE+ sobre la forma en que haya tenido en cuenta sus dictámenes.

II.2.2. Los Comités creados por el Derecho Derivado

A través del Derecho Derivado Europeo se han creado un amplio número de Comités Consultivos para asistir a la Comisión Europea en cada uno de los aspectos sociales a que se refieren los Tratados Comunitarios:

a) El Comité Consultivo para la Libre Circulación de los Trabajadores.

b) El Comité Consultivo de Coordinación de los Sistemas de Seguridad Social.

c) El Comité Consultivo para la Formación Profesional.

d) El Centro Europeo para el Desarrollo de la Formación Profesional (en adelante, CEDEFOP).

e) El Comité de Empleo (en adelante, EMCO).

f) El Comité Consultivo para la Seguridad y la Salud en el Trabajo.

g) La Agencia Europea para la Seguridad y la Salud en el Trabajo (en lo sucesivo, EU-OSHA).

h) La Fundación Europea para la Mejora de las Condiciones de Vida y de Trabajo (en adelante, EUROFUND).

i) Los Comités Consultivos de Diálogo Sectorial.

II.2.2.1. El Comité consultivo para la libre circulación de los trabajadores

Este Comité se encuentra regulado en los Arts. 21-28 del Reglamento 492/2011, de 5 de abril de 2011 y en su Reglamento interno.

II.2.2.1.1. Aspectos organizativos

El Comité es un órgano de composición tripartita, estando compuesto por seis vocales de cada Estado miembro: dos representantes de los Gobiernos, dos de las organizaciones sindicales y dos de las organizaciones empresariales. El mandato es bianual y renovable.

El Comité Consultivo establece su Reglamento de Régimen Interno.

II.2.2.1.2. Aspectos funcionales

El Comité está encargado de asistir a la Comisión Europea en el examen de las cuestiones que llevan consigo la ejecución del Tratado y de las medidas tomadas en su aplicación en materia de libre circulación y de empleo de los trabajadores:

a) Examinar los problemas de la libre circulación y de empleo en las políticas nacionales de empleo cara a la coordinación de las mismas.

b) Estudiar los efectos de la aplicación del Reglamento y de las eventuales disposiciones complementarias.

c) Presentar a la Comisión Europea propuestas motivadas de revisión del Reglamento.

d) Formular, a petición de la Comisión Europea o a iniciativa propia, informes motivados sobre intercambios de información relativa a la evolución del mercado de trabajo, a la circulación de trabajadores entre los Estados miembros, a los programas o medidas adecuadas para desarrollar la orientación y formación profesionales y para aumentar las posibilidades de la libre circulación y del empleo, así como cualquier forma de asistencia en favor de los trabajadores y de sus familias, incluida la asistencia social y el alojamiento de los trabajadores.

II.2.2.2. El Comité Consultivo de coordinación de los sistemas de Seguridad Social

Este Comité se encuentra regulado en el Art. 75 del Reglamento 883/2004, de 29 de abril de 2004, y en su Reglamento interno.

II.2.2.2.1. Aspectos organizativos

Este Comité, de composición tripartita, está integrado por los miembros nombrados por el Consejo Europeo. En él están representados cada uno de los Estados miembros con un representante gubernamental, un representante de las organizaciones sindicales y un representante de las organizaciones empresariales (cada grupo, con un miembro suplente). La duración del mandato es de cinco años.

El Comité consultivo estará presidido por un representante de la Comisión Europea, quien no tomará parte en las votaciones.

El Comité elabora su Reglamento de Régimen Interno.

II.2.2.2.2. Aspectos funcionales

Las funciones del Comité serán, a petición de la Comisión Europea, de la Comisión Administrativa para la Seguridad Social o a iniciativa propia, las de:

a) Examinar las cuestiones generales o de principio y los problemas que llevan consigo la aplicación de las disposiciones comunitarias en materia de coordinación de los sistemas de seguridad social.

b) Emitir dictámenes sobre la misma materia, destinados a la Comisión administrativa, así como propuestas con vistas a la revisión de las citadas disposiciones.

II.2.2.3. El Comité Consultivo para la Formación Profesional

Este Comité se encuentra regulado en la Decisión del Consejo, de 26 de febrero de 2004, por la que se establece el Estatuto del Comité Consultivo de Formación Profesional, y en su Reglamento interno.

II.2.2.3.1. Aspectos organizativos

La composición de este Comité es tripartita, con participación por cada Estado miembro de un representante gubernamental, un representante de las organizaciones sindicales de los trabajadores y un representante de las organizaciones profesionales de empresarios (cada grupo, con un miembro suplente). La duración del mandato es de tres años renovables. Los miembros del Comité serán designados por los Estados miembros y nombrados por la Comisión.

El Comité está presidido por el director general de la Comisión competente en materia de formación profesional o, en caso de impedimento, por uno de los directores de dicha Dirección General designado por aquél, sin derecho a voto.

El Comité establece su Reglamento de Régimen Interno, previo dictamen de la Comisión.

II.2.2.3.2. Aspectos funcionales

Las funciones del Comité serán las de asistir a la Comisión Europea en la puesta en práctica de una política comunitaria de la formación profesional. En concreto, el Comité emitirá dictámenes a la atención de la Comisión sobre los siguientes asuntos: a) Cuestiones de importancia general o de principio relativas a la formación profesional; b) Cuestiones relacionadas con la preparación, aplicación, evaluación y valorización de actividades llevadas a cabo o planeadas por la Comisión en el ámbito de la formación profesional. Asimismo, mantendrá intercambios de puntos de vista y experiencia en relación con la formación profesional.

La Comisión proporcionará al Comité todos los documentos que necesite y le informará de sus proyectos.

II.2.2.4. El Centro Europeo para el Desarrollo de la Formación Profesional (CEDEFOP)

La regulación de este Comité se encuentra recogida en el Reglamento 2019/128 del Parlamento Europeo y del Consejo, de 16 de enero de 2019.

II.2.2.4.1. Aspectos organizativos

El CEDEFOP, con sede en Tesalónica (Grecia), está gestionado por un Consejo de Administración de composición tripartita: un miembro en representación del Gobierno de cada uno de los Estados miembros; un miembro en representación de las organizaciones de empresarios de cada uno de los Estados miembros; un miembro en representación de las organizaciones de trabajadores de cada uno de los Estados miembros; tres miembros en representación de la Comisión; y un experto independiente nombrado por el Parlamento Europeo (con sus respectivos suplentes). Todos los miembros tienen derecho de voto, excepto el experto independiente nombrado por el Parlamento.

La duración del mandato es de cuatro años renovable, renovable.

El Consejo de Administración designa cada año de entre sus miembros al presidente y a tres vicepresidentes.

Las decisiones se toman por mayoría absoluta de sus miembros.

El Consejo de Administración elabora su reglamento de Régimen Interno.

II.2.2.4.2. Aspectos funcionales

El CEDEFOP tiene como tareas concretas:

a) analizar las tendencias de las políticas y de los sistemas en el ámbito de la educación y formación profesionales, las capacidades y las cualificaciones, y proporcionar análisis comparativos de las políticas y sistemas mencionados de los países;

b) analizar las tendencias del mercado de trabajo en relación con las capacidades y las cualificaciones, así como con el sistema de educación y formación profesionales;

c) analizar y contribuir a la evolución del diseño y la concesión de las cualificaciones, su organización en marcos y su función en el mercado de trabajo, así como de la educación y formación profesionales, a fin de aumentar su transparencia y reconocimiento;

d) analizar y contribuir a la evolución en el ámbito de la validación del aprendizaje no formal e informal;

e) efectuar o encargar estudios y realizar investigaciones sobre la evolución socioeconómica pertinente y sobre cuestiones políticas conexas;

f) organizar foros para el intercambio de experiencias e información entre los gobiernos, los interlocutores sociales y otras partes interesadas a nivel nacional;

g) contribuir, también mediante información y análisis basados en datos contrastados, a la aplicación de reformas y políticas a nivel nacional;

h) difundir información con vistas a contribuir a las políticas y para aumentar la sensibilización y la comprensión del potencial de la educación y formación profesionales para promover y apoyar la empleabilidad de las personas, la productividad y el aprendizaje permanente;

i) gestionar y poner a disposición herramientas, conjuntos de datos y servicios para la educación y formación profesionales, las capacidades, ocupaciones y cualificaciones de los ciudadanos, las empresas, los responsables políticos, los interlocutores sociales y otras partes interesadas;

j) establecer una estrategia para las relaciones con terceros países y con organizaciones internacionales, de conformidad con el artículo 29, en asuntos para los que es competente el CEDEFOP.

II.2.2.5. El Comité de Empleo (EMCO)

La regulación de este Comité se encuentra recogida en la Decisión 2015/772 del Consejo, de 11 de mayo de 2015, y en su Reglamento interno.

II.2.2.5.1. Aspectos organizativos

La composición del EMCO se determina por los Estados miembros y por la Comisión: cada uno de ellos designa a dos miembros, con sus respectivos suplentes. Los miembros del EMCO y los suplentes se elegirán entre altos funcionarios o expertos de reconocida competencia en el ámbito de la política del empleo y del mercado laboral en los Estados miembros.

El Comité elegirá, de entre los miembros nombrados por los Estados miembros, un Presidente por un período de dos años (renovable por una única vez más).

El Comité establecerá su Reglamento Interno.

Aunque los interlocutores sociales no son miembros de este Comité, en el cumplimiento de su mandato, el EMCO debe consultar a las partes sociales. En este contexto, establecerá contactos con los interlocutores sociales representados en la Cumbre Social Tripartita para el Crecimiento y el Empleo.

II.2.2.5.2. Aspectos funcionales

El objetivo del EMCO es fomentar la coordinación entre los Estados miembros en materia de políticas de empleo y del mercado laboral, realizando las siguientes tareas:

a) supervisar la situación del empleo y las políticas en materia de empleo de los Estados miembros y de la Unión;

b) elaborar, sin perjuicio de lo dispuesto en el artículo 240 del Tratado, dictámenes a petición del Consejo, de la Comisión o por propia iniciativa, y contribuir a la preparación de las medidas del Consejo a las que se refiere el artículo 148 del Tratado. Sus funciones serán las de asegurar de manera permanente el diálogo, la concertación y la consulta entre el Consejo Europeo, la Comisión Europea y las partes sociales con vistas a facilitar la coordinación de las políticas de empleo de los Estados miembro.

El Comité se esforzará, en particular, por:

a) fomentar que se tenga en cuenta el objetivo de un alto nivel de empleo en la formulación y aplicación de las actividades y políticas de la Unión;

b) contribuir al procedimiento de adopción de las orientaciones generales de las políticas económicas para garantizar la coherencia entre las orientaciones para las políticas de empleo y aquellas orientaciones, y contribuir a la sinergia entre la Estrategia Europea de Empleo, la coordinación de la política macroeconómica y el proceso de reforma económica, de forma que se refuercen entre sí;

c) participar activamente en el diálogo sobre las políticas macroeconómicas en el ámbito de la Unión;

d) contribuir a todos los aspectos del Semestre Europeo en el ámbito de su mandato y presentar informes sobre ellos al Consejo;

e) fomentar los intercambios de información y experiencias entre Estados miembros y con la Comisión.

II.2.2.6. El Comité Consultivo para la Seguridad y la Salud en el Trabajo

La regulación de este Comité se encuentra recogida en la Decisión del Consejo de 22 de julio de 2003 (2003/C 218/01) y en su Reglamento interno.

II.2.2.6.1. Aspectos organizativos

La composición del Comité es tripartita, con un representante gubernamental, sindical y empresarial por cada Estado miembro (con dos posibles miembros suplentes para cada uno).

La duración del mandato es de tres años renovable, renovable.

El Comité está presidido por el Director General de la Comisión encargado de política social o, en caso de impedimento y a título excepcional, por uno de los Directores de dicha Dirección General designado por aquél, sin derecho a voto.

El Comité adopta, previo dictamen de la Comisión, su propio Reglamento de Régimen Interno.

II.2.2.6.2. ASpectos funcionales

El cometido del Comité es asistir a la Comisión Europea en la preparación y aplicación de las decisiones tomadas en el ámbito de la seguridad y la salud en el trabajo, así como facilitar la cooperación entre las Administraciones nacionales y las organizaciones sindicales y patronales.

Sus funciones serán las de:

a) Intercambiar, basándose en la información que pueda conseguir, puntos de vista y experiencias respecto a reglamentaciones existentes o previstas;

b) contribuir a elaborar un enfoque común para resolver los problemas que se planteen en el ámbito de la seguridad y la salud en el trabajo, y a determinar las prioridades comunitarias y las medidas necesarias para su realización;

c) señalar a la atención de la Comisión los sectores en los que resulte necesario adquirir nuevos conocimientos y llevar a cabo acciones apropiadas de formación y de investigación;

d) definir, en el marco de los programas de acción comunitarios: los criterios y los objetivos para prevenir accidentes laborales y los peligros para la salud en la empresa; los métodos que permitan a las empresas y a su personal evaluar y mejorar el nivel de protección;

e) contribuir, complementando la labor de la Agencia Europea para la Seguridad y la Salud en el Trabajo, a informar a las administraciones nacionales y a las organizaciones sindicales y patronales sobre las medidas comunitarias, a fin de facilitar su cooperación y promover sus iniciativas para el intercambio de experiencias y el establecimiento de códigos de buenas prácticas;

f) emitir un dictamen sobre los proyectos de iniciativas comunitarias que tengan repercusión sobre la seguridad y la salud en el trabajo;

g) emitir un dictamen sobre el programa anual y los sucesivos programas cuatrienales de la Agencia Europea para la Seguridad y la Salud en el Trabajo.

II.2.2.7. Agencia Europea para la Seguridad y la Salud en el Trabajo (EU-OSHA)

La EU-OSHA está regulada en el Reglamento 2019/126 del Parlamento Europeo y del Consejo, de 16 de enero de 2019.

II.2.2.7.1. Aspectos organizativos

La EU-OSHA está gestionada por un Consejo de Administración de composición tripartita: un miembro, en representación del Gobierno, de cada uno de los Estados miembros; un miembro, en representación de las organizaciones de empresarios, de cada uno de los Estados miembros; un miembro, en representación de las organizaciones de trabajadores, de cada Estado miembro; tres miembros en representación de la Comisión; y un experto independiente nombrado por el Parlamento Europeo (este último, sin derecho a voto). Todos ellos contarán un suplente.

Los miembros designados en representación de los gobiernos nacionales y de las organizaciones de empresarios y de trabajadores son nombrados por el Consejo entre los miembros y los suplentes del Comité Consultivo para la Seguridad y la Salud en el Trabajo.

La duración del mandato es de cuatro años, renovable.

El Consejo de Administración designa cada año de entre sus miembros al presidente y a tres vicepresidentes. Su mandato tiene una duración de un año, renovable.

Las decisiones se toman por mayoría absoluta de sus miembros.

El Consejo de Administración elabora su reglamento de Régimen Interno.

II.2.2.7.2. Aspectos funcionales

El objetivo de la EU-OSHA es proporcionar a las instituciones y organismos de la Unión, a los Estados miembros, a los interlocutores sociales y a otros agentes que trabajen en el ámbito de la seguridad y la salud en el trabajo información técnica, científica y económica y conocimientos especializados pertinentes de utilidad para ese ámbito a fin de mejorar el entorno laboral en lo que se refiere a la protección de la seguridad y la salud de los trabajadores

La EU-OSHA lleva a cabo las siguientes tareas:

a) recoger y analizar información técnica, científica y económica sobre la seguridad y la salud en el trabajo en los Estados miembros con objeto de: determinar riesgos y buenas prácticas, así como las prioridades y programas nacionales existentes; proporcionar los datos necesarios para las prioridades y programas de la Unión, y difundir dicha información a las instituciones y organismos de la Unión, los Estados miembros, los interlocutores sociales y otros agentes que trabajen en el ámbito de la seguridad y la salud en el trabajo;

b) recoger y analizar información técnica, científica y económica sobre la investigación relativa a la seguridad y la salud en el trabajo, así como sobre otras actividades de investigación que tengan aspectos relacionados con la seguridad y la salud en el trabajo, y difundir los resultados de la investigación y de las actividades de investigación;

c) fomentar y apoyar la cooperación y el intercambio en materia de información y experiencias entre los Estados miembros en el ámbito de la seguridad y la salud en el trabajo, incluida la información sobre los programas de formación;

d) organizar conferencias y seminarios, así como intercambios de conocimientos especializados de los Estados miembros en el ámbito de la seguridad y la salud en el trabajo;

e) facilitar a las instituciones y organismos de la Unión y a los Estados miembros las informaciones técnicas, científicas y económicas objetivas disponibles y los conocimientos especializados que necesiten para la formulación y aplicación de políticas sensatas y eficaces destinadas a proteger la seguridad y la salud de los trabajadores, incluidas la prevención y anticipación de riesgos potenciales, en particular facilitando a la Comisión las informaciones técnicas, científicas y económicas y los conocimientos especializados que necesite para llevar a buen término sus tareas de identificación, preparación y evaluación de medidas legislativas y de otra índole sobre protección de la seguridad y la salud de los trabajadores, en particular en lo relativo a las repercusiones de los actos jurídicos, su adaptación al progreso técnico, científico o regulador y su aplicación práctica por las empresas, con especial atención a las microempresas y las PYMEs;

f) organizar foros para el intercambio de experiencias e información entre los gobiernos, los interlocutores sociales y otras partes interesadas a nivel nacional;

g) contribuir, también mediante información y análisis basados en datos contrastados, a la aplicación de reformas y políticas a nivel nacional;

h) recoger y hacer disponible la información sobre las cuestiones de seguridad y salud procedentes de y con destino a terceros países y organizaciones internacionales;

i) facilitar información técnica, científica y económica sobre los métodos e instrumentos destinados a realizar actividades preventivas, identificar buenas prácticas y promover acciones preventivas, con especial dedicación a los problemas específicos de las microempresas y las pequeñas y medianas empresas y, por lo que respecta a las buenas prácticas, se centrará principalmente en aquellas que constituyen instrumentos prácticos que permitan la evaluación de los riesgos para la seguridad y la salud en el trabajo, así como la identificación de las medidas que han de adoptarse para luchar contra dichos riesgos;

j) contribuir al desarrollo de estrategias y programas de acción de la Unión relativos a la protección de la seguridad y de la salud en el trabajo, sin perjuicio de las competencias de la Comisión;

k) establecer una estrategia para las relaciones con terceros países y con organizaciones internacionales en asuntos para los que es competente la EU-OSHA;

l) realizar actividades y campañas de sensibilización y comunicación sobre las cuestiones de seguridad y salud en el trabajo.

II.2.2.8. La Fundación Europea para la Mejora de las Condiciones de Vida y de Trabajo (EUROFUND)

El EUROFUND se encuentra regulado en el Reglamento 2019/127 del Parlamento Europeo y del Consejo, de 16 de enero de 2019.

II.2.2.8.1. Aspectos organizativos

Esta Fundación, ubicada en Irlanda, está gestionada por un Consejo de Administración de composición tripartita: un miembro en representación del Gobierno de cada uno de los Estados miembros; un miembro en representación de las organizaciones de empresarios de cada uno de los Estados miembros; un miembro en representación de las organizaciones de trabajadores de cada uno de los Estados miembros; tres miembros en representación de la Comisión; un experto independiente nombrado por el Parlamento Europeo (este último, sin derecho de voto). Cada uno de estos miembros tendrá un suplente.

La duración del mandato es de cuatro años, renovable.

El Consejo de Administración designa cada año un presidente y tres vicepresidentes, con un mandato de un año (renovable).

Las decisiones se toman por mayoría absoluta de sus miembros.

El Consejo de Administración elabora su reglamento de Régimen Interno.

II.2.2.8.2. Aspectos funcionales

EUROFUND tiene como objetivos aumentar y difundir los conocimientos para prestar apoyo a la Comisión, a otras instituciones y organismos de la Unión, a los Estados miembros y a los interlocutores sociales en la elaboración y aplicación de políticas destinadas a mejorar las condiciones de vida y de trabajo, en la concepción de las políticas de empleo y en la promoción del diálogo entre los empresarios y los trabajadores. A tal efecto, desarrolla y difunde conocimientos, proporciona datos y servicios, incluidas conclusiones basadas en trabajos de investigación, para la elaboración de políticas y facilita la puesta en común de conocimientos entre la Unión y los agentes nacionales.

En particular, realiza tareas relacionadas con las condiciones laborales (Encuesta europea sobre las condiciones de trabajo, EWCS), a la organización del trabajo, a los específicos problemas de ciertas categorías de trabajadores, la mejora del entorno y la distribución del tiempo de trabajo, a la calidad de vida (Encuesta europea sobre la calidad de vida, EQLS) y a las prácticas empresariales (Encuesta europea de empresas, ECS).

Sus funciones consisten básicamente en:

a) analizar las evoluciones y proporcionar análisis comparativos de las políticas, los marcos institucionales y las prácticas en los Estados miembros y, cuando proceda, en otros países;

b) recopilar datos, por ejemplo, a través de encuestas, y analizar las tendencias en las condiciones de vida y de trabajo, el empleo y la evolución del mercado de trabajo;

c) analizar la evolución de los sistemas de relaciones laborales y, en particular, del diálogo social a escala de la Unión y de los Estados miembros;

d) efectuar o encargar estudios y realizar investigaciones sobre las evoluciones socioeconómicas pertinentes y cuestiones políticas conexas;

e) llevar a cabo proyectos piloto y acciones preparatorias, cuando proceda y a petición de la Comisión;

f) proporcionar foros para el intercambio de experiencias e información entre gobiernos, interlocutores sociales y otras partes interesadas en el ámbito nacional, entre otros mediante información y análisis basados en datos contrastados;

g) gestionar y poner herramientas y conjuntos de datos a disposición de los responsables políticos, los interlocutores sociales, los organismos académicos y otras partes interesadas;

h) establecer una estrategia para las relaciones con terceros países y con organizaciones internacionales, de conformidad con el Art. 30, en asuntos para los que es competente.

II.2.2.9. Los Comités Consultivos de Diálogo Sectorial

Existen 44 comités de diálogo social sectorial compuestos por 65 organizaciones patronales europeas y 15 federaciones sindicales europeas, y representan aproximadamente a 185 millones de trabajadores y más de 6 millones de empresas de toda la UE.

Los sectores para los que se han creado estos comités son los siguientes: acero, industrias extractiva, agricultura, transporte por carretera, transporte por vía navegable, ferrocarril, pesca marítima, transporte marítimo, azúcar, calzado, hostelería/turismo, comercio, seguros, telecomunicaciones, banca, aviación civil, industria de la limpieza, construcción, textil/confección, seguridad privada, servicios postales, madera, electricidad, servicios personales, curtido y peletería, actuaciones en directo, trabajo temporal, mueble, construcción naval, audiovisual, industria química, administraciones locales y regionales, hospitales, servicios de restauración (*catering*), gas, fútbol profesional, metal, papel, educación, administraciones centrales, puertos, industria de alimentos y bebidas, industria gráfica, y, finalmente, servicios sociales.

El origen de estos Comités procede de los Comités consultivos y mixtos creados como parte del Tratado constitutivo de la Comunidad Europea del Carbón y del Acero y de los pasos iniciales para el establecimiento del Mercado Común (acero, minería, agricultura y pesca marítima). Estos Comités se convirtieron posteriormente en Comités de diálogo social sectorial a raíz de la Decisión correspondiente de 20 de mayo de 1998 (98/500/CE). Posteriormente, se han ido añadiendo nuevos comités a estos de primera generación. Las organizaciones europeas que, en un momento determinado, deciden que comparten objetivos y planes de trabajo comunes, y que se reconocen mutuamente, pueden presentar una petición conjunta a la Comisión si desean constituir un comité, y esta evaluará su representatividad. En caso de respuesta afirmativa por parte de la Comisión, esta facilitará apoyo logístico y operativo.

Recientemente, la Comisión ha realizado una comunicación tendente a reforzar el diálogo social en la Unión Europea (COM(2023) 40 final, de 25 de enero), donde se incluye una Recomendación del Consejo sobre la manera de reforzar el diálogo social y la negociación colectiva a nivel nacional. En ella se prevé un conjunto de medidas para reforzar el diálogo social modernizando sus estructuras, fomentando y apoyando los acuerdos de los interlocutores sociales, fortaleciendo la participación de los interlocutores sociales en la elaboración de las políticas de la UE y mejorando la eficacia del apoyo financiero y técnico de la Comisión.

II.2.2.9.1. Aspectos organizativos

En las reuniones de cada Comité participarán en total un máximo de 66 representantes de la patronal y de los sindicatos, con un número igual de representantes por cada delegación.

Los Comités estarán presididos por un representante de las delegaciones de la patronal o de los sindicatos o, a petición conjunta de ellas, por un representante de la Comisión.

Cada Comité establecerá, en colaboración con la Comisión, sus propias normas de procedimiento.

II.2.2.9.2. Aspectos funcionales

En el sector de actividad para el que se hayan establecido, los Comités serán consultados sobre los progresos a escala comunitaria que tengan implicaciones sociales, y desarrollarán y promoverán el diálogo social a escala sectorial.

Los resultados que pueden alcanzar se clasifican en tres tipos[3]:

1) acuerdos (independientemente de que se apliquen mediante directivas europeas), que son de carácter vinculante y deben seguirse y supervisarse, ya que se basan en el artículo 155 del Tratado de Lisboa;
2) textos orientativos (marcos de acción, directrices, códigos de conducta, orientaciones políticas) que, sin ser jurídicamente vinculantes, deben cumplirse y los avances en su aplicación deben ser objeto de seguimiento periódico;

---

[3] Documento de trabajo de los servicios de la Comisión sobre el funcionamiento y el potencial del diálogo social sectorial europeo, de 22 de julio de 2010 (SEC(2010) 964 final).

3) dictámenes e instrumentos conjuntos, destinados a influir en las políticas europeas y a contribuir al intercambio de conocimientos.

II.2.3. La participación no institucionalizada

Junto a la participación institucionalizada de los agentes sociales, éstos participan también en la elaboración de las decisiones comunitarias mediante **SISTEMAS DE CONSULTA INFORMALES** a las que recurre la Comisión Europea desde el momento de proyectar una decisión hasta el momento de su adopción definitiva: encuestas, mesas redondas, informes solicitados, etc.

De otra parte, a través de la celebración de **CONFERENCIAS TRIPARTITAS SOBRE MATERIAS CONCRETAS** convocadas al efecto, las organizaciones sindicales y empresariales junto con los Gobiernos son partícipes en muchas ocasiones de la gestación de las decisiones comunitarias.

No hay que olvidar, finalmente, el papel de las organizaciones sindicales europeas (Confederación Europea de Sindicatos) o empresariales (COPA, UNICE) como **GRUPOS DE PRESIÓN** cerca de las Instituciones Comunitarias (Consejo, Comisión y Parlamento Europeos).

II.3. LA PARTICIPACIÓN INSTITUCIONAL EN ORGANISMOS DEL ESTADO

Existen distintas formas de *"participación institucional extraempresarial"* a nivel estatal de los sindicatos y asociaciones empresariales más representativas en organismos estatales de carácter laboral y en la acción laboral de las Administraciones Públicas.

II.3.1. La participación institucional en organismos públicos laborales

II.3.1.1. Su fundamentación constitucional y legal

La participación institucional de los agentes sociales en los organismos públicos laborales tiene su base constitucional, con carácter general y no exclusivo —esto es, no referido sólo a ellos— en el Art. 129.1 de la CE: *"la ley establecerá las formas de participación de los interesados en la Seguridad Social y en la actividad de los organismos públicos cuya función afecte directamente a la calidad de vida o al bienestar general"*. Según la STC 39/1986, de 31 de marzo, el derecho de participación institucional forma parte del contenido esencial del derecho de libertad sindical de los sindicatos más representativos.

Por su parte, el Art. 6.3 de la LOLS establece que *"las organizaciones que tengan la consideración de sindicato más representativo según el número anterior (a nivel estatal), gozarán de capacidad representativa a todos los niveles territoriales y funcionales para ostentar representación institucional entre las Administraciones Públicas u otras entidades y organismos de carácter estatal o de Comunidad Autónoma que la tengan prevista"*.

Con apoyo en estos preceptos constitucionales y legales señalados, han proliferado en nuestro ordenamiento infinidad de normas que atribuyen al sindicato y a las organizaciones empresariales la posibilidad de participar en distintos organismos públicos estatales laborales.

Esta participación institucional se lleva a cabo, con muy distinto alcance (funciones informativas, consultivas, de propuesta, de gestión o de control), en el seno de una serie de organismos consultivos.

II.3.1.2. El Consejo Económico y Social (CES)

II.3.1.2.1. REgulación legal

A nivel estatal, la *"participación institucional"* está reconocida fundamentalmente a través del Consejo Económico y Social (en adelante, CES).

Las bases constitucionales del CES se encuentran en los Arts. 9.2 (*"Corresponde a los poderes públicos promover las condiciones para que la libertad y la igualdad del individuo y de los grupos en que se integra sean reales y efectivas; remover los obstáculos que impidan o dificulten su plenitud y facilitar la participación de todos los ciudadanos en la vida política, económica, cultural y social"*), 129.1 (*"La ley establecerá las formas de participación de los interesados en la Seguridad Social y en la actividad de los organismos públicos cuya función afecte directamente a la calidad de la vida o al bienestar general")* y 131.2 de la CE (*"El Gobierno elaborará los proyectos de planificación, de acuerdo con las previsiones que le sean suministradas por las Comunidades Autónomas y el asesoramiento y colaboración de los sindicatos y otras organizaciones profesionales, empresariales y económicas. A tal fin se constituirá un Consejo, cuya composición y funciones se desarrollarán por ley"*).

Con base en estos tres preceptos constitucionales, la Ley 21/1991, de 17 de junio, por la que se crea y regula el CES, señala en su Exposición de Motivos que *"la Constitución española recoge el mandato, dirigido a los poderes públicos, de promover y facilitar la participación de los ciudadanos, directamente o a través de organizaciones y asociaciones, en la vida económica y social"*.

La Ley 21/1991 ha sido desarrollada por el Reglamento de Organización y Funcionamiento Interno de 31 de marzo de 1993 (modificado con posterioridad por Resoluciones de 20 de enero de 1994 y de 26 de junio de 1995) y por las Instrucciones que para su desarrollo dicta el propio Consejo.

El CES es un ente de derecho público recogido en el Art. 131.2 de la CE, de carácter consultivo del Gobierno en materia socioeconómica y laboral (Art. 1 de la Ley 21/1991)[4].

---

[4] En extenso sobre el importante papel del CES en España, véase por todos COSTAS, A. y MARTÍNEZ, F., "El valor del diálogo social. El papel del CES de España", *Trabajo y derecho: nueva revista de actualidad y relaciones laborales*, n.º 15, 2022, p. 1-21.

II.3.1.2.2. Aspectos organizativos

El CES tiene reconocida expresamente la independencia funcional de la Administración General del Estado, como ente público especializado, con personalidad jurídica propia y plena capacidad, así como autonomía orgánica y funcional para el cumplimiento de sus fines, que le faculta para regular su régimen de organización y funcionamiento internos. El CES está adscrito administrativamente al Ministerio de Trabajo y Economía Social (Art. 1.3 de la Ley 21/1991).

El CES se compone de 61 miembros, nombrados por el Gobierno y distribuidos de la siguiente manera (Art. 2 de la Ley 21/1991):

a) El presidente: será nombrado por el Gobierno de la Nación a propuesta conjunta de los Ministros de Trabajo y Economía Social, de Inclusión, Seguridad Social y Migraciones y de Asuntos Económicos y Transformación Digital, previa consulta a los grupos de representación que integran el Consejo. En todo caso, la persona cuyo nombramiento se proponga deberá contar con el apoyo de, al menos, dos tercios de los miembros del Consejo (Art. 3.1 de la Ley 21/1991).

b) Veinte consejeros, que forman el Grupo Primero, designados por las organizaciones sindicales más representativas, en proporción a su representatividad, de acuerdo con lo dispuesto en los Arts. 6.2. y 7.1. de la LOLS: Unión General de Trabajadores (UGT), Comisiones Obreras (CCOO). Converxencia Intersindical Galega (CIG) y Euskal Languilen Alkartasuna (ELA).

c) Veinte consejeros, que forman el Grupo Segundo, designados por las organizaciones empresariales más representativas, en proporción a su representatividad, de acuerdo con lo dispuesto en la Disposición Adicional Sexta del ET: Confederación Española de Organizaciones Empresariales (CEOE), y Confederación Española de la Pequeña y Mediana Empresa (CEPYME).

d) Veinte consejeros, que forman el Grupo Tercero, organizados de la siguiente forma:

- Catorce que, integrados en el Grupo Tercero, son propuestos, en cada caso, por las organizaciones o asociaciones que a continuación se indican:

  a) Tres por las organizaciones profesionales con implantación en el sector agrario: Asociación Agraria de Jóvenes Agricultores (ASAJA), Coordinadora de Organizaciones de Agricultores y Ganaderos (COAG) y Unión de Pequeños Agricultores (UPA).

  b) Tres por las organizaciones de productores pesqueros con implantación en el sector marítimo-pesquero: Cooperativa de Armadores del Puerto de Vigo, Federación Nacional de Cofradías de Pescadores y Asociación Empresarial de Acuicultura de España (APROMAR).

  c) Cuatro por el Consejo de Consumidores y Usuarios: Confederación de Consumidores y Usuarios (CECU), Confederación Española de Cooperativas de Consumidores y Usuarios (HISPACOOP), Organización de Consumidores y Usuarios (OCU) y Federación de Usuarios-Consumidores Independientes (FUCI).

  d) Cuatro por las asociaciones de cooperativas y de sociedades laborales, en representación del sector de la economía social: Confederación Española de la Economía Social (CEPES).

- Seis expertos que, integrados también en el Grupo Tercero, son nombrados por el Gobierno de la Nación, a propuesta conjunta de los Ministros de Trabajo y Economía Social, de Inclusión, Seguridad Social y Migraciones y de Asuntos Económicos y Transformación Digital, previa consulta a las organizaciones representadas en el Consejo, entre personas con una especial preparación y reconocida experiencia en el ámbito socioeconómico y laboral.

Los miembros del CES actúan, en el ejercicio de las funciones que les corresponden, con plena autonomía e independencia.

El mandato de los miembros del Consejo, incluido su presidente, es de cuatro años, renovable por períodos de igual duración (Art.

3.4). El mandato de los miembros del CES que pudieran ser nombrados para ocupar una vacante anticipada en el cargo expira al mismo tiempo que el de los restantes miembros del Consejo (Art. 3.6).

II.3.1.2.3. aspectos funcionales

Las funciones del CES son las siguientes (Art. 7 de la Ley 21/1991):

- Emitir dictamen, con carácter preceptivo, sobre los Anteproyectos de Leyes del Estado y Proyectos de Reales Decretos Legislativos que regulen materias socioeconómicas y laborales y sobre los Proyectos de Reales Decretos que se considere por el Gobierno que tienen una especial trascendencia en la regulación de las materias indicadas. Queda exceptuado expresamente de la consulta el Anteproyecto de ley de Presupuestos Generales del Estado.
- Emitir dictamen, con carácter preceptivo, sobre Anteproyectos de Leyes o Proyectos de disposiciones administrativas que afecten a la organización, competencias o funcionamiento del Consejo; sobre la separación del presidente y del secretario general del Consejo; y sobre cualquier otro asunto que, por precepto expreso de una Ley, haya que consultar al Consejo.
- Emitir dictamen sobre los asuntos que, con carácter facultativo, se sometan a consulta del Consejo por el Gobierno de la Nación o sus miembros.
- Elaborar, a solicitud del Gobierno o de sus miembros, o por propia iniciativa, estudios e informes que se relacionen, en el marco de los intereses económicos y sociales que son propios de los interlocutores sociales, con las siguientes materias: Economía y Fiscalidad; Relaciones Laborales, Empleo y Seguridad Social; Asuntos Sociales; Agricultura y Pesca; Educación y Cultura; Salud y Consumo; Medio Ambiente; Transporte y Comunicaciones; Industria y Energía; Vivienda; Desarrollo Regional; Mercado Único Europeo y Cooperación para el Desarrollo.

- Regular su propio régimen de organización y funcionamiento interno.
- Elaborar y elevar anualmente al Gobierno, dentro de los primeros cinco meses de cada año, una Memoria en la que se expongan sus consideraciones sobre la situación socioeconómica y laboral de la nación.

Son órganos del CES (Art. 13 del Reglamento): a) el Pleno, b) la Comisión Permanente, c) las Comisiones de Trabajo (Economía y Fiscalidad; Mercado Único Europeo, Desarrollo Regional y Cooperación al Desarrollo; Relaciones Laborales, Empleo y Seguridad Social; Salud, Consumo, Asuntos Sociales, Educación y Cultura; Agricultura y Pesca; Políticas Sectoriales y Medio Ambiente; Para la Elaboración de la Memoria sobre la Situación Socioeconómica y Laboral de España), d) el Presidente, e) los Vicepresidentes y f) el Secretario general (Art. 13 y ss. del Reglamento).

Las sesiones plenarias del Consejo son públicas. No obstante, determinados debates pueden ser declarados reservados, por decisión del Pleno (Art. 29 del Reglamento).

A las sesiones del Pleno del CES pueden asistir los miembros del Gobierno, previa comunicación al presidente o a solicitud del Consejo, pudiendo hacer uso de la palabra. También pueden asistir las demás autoridades y funcionarios de la Administración del Estado, cuando sean invitados o autorizados para informar o para responder a preguntas relacionadas con asuntos de su competencia (Art. 30 del Reglamento).

La emisión de los dictámenes sobre los asuntos que son sometidos a consulta por el Gobierno se realiza por el Pleno o, en su caso, por la Comisión Permanente, cuando aquél hubiera delegado en ésta tal función.

Los dictámenes del CES se documentan por separado, distinguiendo los antecedentes, la valoración efectuada y las conclusiones, con la firma del secretario general y el visto bueno del presidente, y a ellos se acompañan los votos particulares, si los hubiere. Los dictámenes del CES no son vinculantes para el Gobierno (Art. 45 del Reglamento).

La decisión de acometer la elaboración de un informe o estudio por propia iniciativa se adopta por el Pleno a instancia del presidente, de la Comisión Permanente, de un grupo o de once consejeros, a través de la Comisión Permanente (Art. 16 del Reglamento).

II.3.1.3. El Servicio Interconfederal de Mediación y Arbitraje (SIMA-FSP)

II.3.1.3.1. Regulación legal

El Art. 83.3 del ET establece que las organizaciones sindicales y asociaciones empresariales más representativas de carácter estatal podrán establecer acuerdos interprofesionales sobre materias concretas, siendo el VI Acuerdo sobre solución autónoma de los conflictos laborales de 26 de noviembre de 2020 (ASAC) el que establece las bases del Servicio Interconfederal de Mediación y Arbitraje (SIMA), publicado por Resolución de la Dirección General de Trabajo de 10 de diciembre de 2020.

II.3.1.3.2. Aspectos organizativos

El SIMA es una Institución tripartita, en la que participan los sindicatos y asociaciones empresariales más representativos en el ámbito estatal (CEOE, CEPYME, CCOO y UGT).

Tiene personalidad jurídica y capacidad de obrar y reviste, desde el punto de vista jurídico-formal, las características de una Fundación del Sector Público Estatal tutelada por el Ministerio de Trabajo y Economía. Sus recursos tienen naturaleza pública y sus actuaciones tienen carácter gratuito para las partes (Arts. 5.1 del ASAC y de los Estatutos).

El SIMA está regido por un Patronato, compuesto por diecisiete miembros, de los que corresponden nueve a representantes de la Administración General del Estado, y ocho a las organizaciones firmantes de este Acuerdo: cuatro, a representantes de las organizaciones empresariales, y cuatro, a representantes de las organizaciones sindicales.

El Patronato nombrará un presidente y un vicepresidente. La presidencia y la vicepresidencia serán rotatorias entre los tres grupos de representación: Administración General del Estado, organizaciones empresariales y organizaciones sindicales, ejerciéndose por periodos anuales. La vicepresidencia se ejercerá de forma alternativa entre los patronos. No obstante, le corresponderá en todo caso a la Administración General del Estado en aquellos periodos en los que no asuma la presidencia del Patronato (Arts. 5.2 del ASAC y 11 de los Estatutos).

II.3.1.3.3. Aspectos funcionales

La Fundación SIMA tiene como finalidad la solución extrajudicial de los conflictos colectivos laborales surgidos entre empresarios y trabajadores o sus respectivas organizaciones representativas, a través de los procedimientos de mediación y arbitraje, regulados en el ASAC, o acuerdo que lo sustituya, así como otras actuaciones orientadas a la mejora de la eficacia de los procedimientos y, en general, a difundir la cultura de la solución negociada de los conflictos (Art. 3 de los Estatutos).

Estos procedimientos se rigen por los principios de gratuidad, celeridad, audiencia de las partes, imparcialidad, igualdad y contradicción, respetándose, en todo caso, el código ético del SIMA-FSP, la legislación vigente y los principios constitucionales y procurando la máxima efectividad y agilidad en su desarrollo (Art. 10 del ASAC).

Los acuerdos logrados en los procedimientos de conciliación/mediación y los laudos arbitrales tendrán la eficacia jurídica de los convenios colectivos, siempre que quienes hubiesen adoptado el acuerdo o suscrito el compromiso arbitral tuviesen la legitimación que les permita acordar, en el ámbito del conflicto, un convenio colectivo conforme a lo previsto en los Arts. 87, 88 y 89 del ET (Art. 91.2 del ET).

II.3.1.4. La Comisión Consultiva Nacional de Convenios Colectivos (CCNCC)

II.3.1.4.1. Regulación legal

Con base en la Disposición Adicional Novena del ET, la CCNCC se regula en el RD 1362/2012, de 27 de septiembre.

II.3.1.4.2. Aspectos organizativos

La CCNCC es un órgano de carácter colegiado de composición tripartita, integrado por representantes de la Administración General del Estado y de las organizaciones sindicales y empresariales más representativas, adscrito al Ministerio de Trabajo y Economía Social a través de la Dirección General de Trabajo, que ejerce sus competencias con independencia y autonomía funcional plenas (Art. 2 del RD).

La CCNCC está integrada por los siguientes miembros (Art. 4 del RD):

a) El presidente, designado por el titular del Ministerio de Trabajo y Economía Social, previa consulta con las organizaciones empresariales y sindicales más representativas, de entre profesionales de reconocido prestigio en el campo de las relaciones laborales.

b) Seis vocales en representación de la Administración General del Estado, designados por el titular del Ministerio de Trabajo y Economía Social.

c) Seis vocales en representación de las organizaciones empresariales más representativas, nombrados por el titular del Ministerio de Trabajo y Economía Social, a propuesta vinculante de aquéllas.

   La representación patronal en este órgano actualmente se encuentra en disputa. Históricamente, solamente CEOE y Cepyme han tenido representación, concretamente, el primero tenía 5 representantes y el segundo 1 de los 6 que corresponden a la patronal. Sin embargo, el Ministerio de Trabajo ha considerado recientemente (el 6 de febrero de 2024) que es necesario repartir de nuevo estos representantes para dar cabida a PIMEC. Desde esta perspectiva, el Ministerio de Trabajo considera que las organizaciones empresariales más representativas a nivel de comunidad autónoma tienen derecho a tener representación institucional en el ámbito de las instituciones del Estado. Por su parte, la CEOE ha impugnado esta decisión del Estado ante los tribunales al entender que la normativa aplicable no concede tal derecho. Contienda que no ha sido resuelta hasta el momento.

d) Seis vocales en representación de las organizaciones sindicales más representativas, nombrados por el titular del Ministerio de Trabajo y Economía Social, a propuesta vinculante de aquéllas.

e) Como secretario de la Comisión actuará un funcionario adscrito a sus servicios administrativos.

Se designará por cada grupo de representación igual número de suplentes para sustituir a los vocales titulares en los supuestos de vacante, enfermedad o ausencia, que serán nombrados en la forma prevista en este apartado para aquellos.

El Art. 4 del RD 1362/2012 no prevé cómo proceder al nombramiento de las vocalías correspondientes a las organizaciones sindicales y empresariales cuando se produce un cambio en la composición de los grupos de representación, debido a la pérdida o a la adquisición *ex novo* de la condición de mayor representatividad de alguna de las organizaciones, o bien al incremento o disminución sensible de la representatividad de alguna de las mencionadas organizaciones sindicales o empresariales, que deba provocar una distribución de los vocales en representación de los mismos diferente de la existente. Esta carencia de marco normativo está generando problemas como demuestra la actual disputa relativa a la representación patronal en este órgano.

Por ello, y con el "*objetivo de fortalecer la debida seguridad jurídica, y ofrecer a estas organizaciones garantías para el correcto ejercicio de su derecho a la representación institucional*", se ha aprobado la Orden TES/904/2024, de 27 de agosto, por la que se desarrolla, en lo que se refiere al nombramiento de las vocalías de las organizaciones sindicales y empresariales, el Real Decreto 1362/2012, de 27 de septiembre, por el que se regula la Comisión Consultiva Nacional de Convenios Colectivos (BOE de 29 de agosto de 2024, núm. 209, p. 109407 y ss.), en vigor desde el día siguiente a su publicación.

El procedimiento de nombramiento previsto en esta Orden se iniciará mediante solicitud de alguna de las organizaciones legitimadas para formar parte de la Comisión, dando traslado de la misma a todas las organizaciones del grupo de representación afectado para que realicen alegaciones en el plazo de 10 días. La Dirección General de Trabajo deberá emitir un informe sobre la solicitud; únicamente cuando este informe sea favorable, el procedimiento continuará.

Obtenido este informe favorable de la DGT, la persona titular del Ministerio de Trabajo y Economía Social resolverá el cese de todas lasvocalías del grupo de representación correspondiente, instando a las partes legitimadas a alcanzar un acuerdo unánime sobre la distribución de las vocalías en el plazo de 10 días, vinculante para el Ministerio de Trabajo y Economía Social. Si no se alcanzara acuerdo alguno, la DGT determinará el número de personas que corresponde proponer a cada organización. Esta determinación se basará en los siguientes criterios (Art. 4.2 Orden):

a) A cada organización más representativa, ya sea estatal o de comunidad autónoma, le corresponderá una vocalía.

b) Una vez adjudicadas las vocalías anteriores, las restantes se adjudicarán del siguiente modo:

   1º En el caso de la renovación del grupo de representación empresarial, si se debe a la entrada de una nueva organización, se reducirán en una las vocalías de la organización que contara con más vocalías en la distribución anterior a la entrada de la nueva organización.

   Si la renovación se debe a la pérdida de la legitimación de una organización empresarial, se adjudicará una nueva vocalía a la organización empresarial de ámbito estatal que menos vocalías tuviera en la distribución anterior a la pérdida del derecho de la organización.

En los supuestos a los que se refiere este ordinal, de existir organizaciones con idéntico número de vocalías, se procederá mediante el sorteo previsto en el artículo 5.

2º En el caso de la renovación del grupo de representación sindical, las vocalías restantes se repartirán entre las organizaciones de ámbito estatal, en atención al número de delegados o delegadas de personal, de miembros de los comités de empresa y de los correspondientes órganos de las Administraciones públicas.

En el caso de que alguna organización, transcurrido el plazo señalado, no efectúe ninguna comunicación, o lo haya hecho sin proponer el nombramiento de personas concretas o en número insuficiente, las vocalías correspondientes quedarán vacantes. Por el contrario, si se propusieran para su nombramiento un número de personas superior al correspondiente, se procederá a nombrar a las personas que cuenten con más antigüedad en el grupo de representación hasta completar el número de vocalías correspondientes y, en caso de igual antigüedad, se determinará mediante el sorteo del Art. 5 (Art. 4.3 Orden)".

II.3.1.4.3. Aspectos funcionales

La CCNCC funcionará en Pleno y en Comisión Permanente (Art. 8 del RD). De manera ordinaria la Comisión funcionará en Comisión Permanente con vistas a dotar de mayor agilidad a su actuación, si bien, la propia Comisión Permanente podrá reservar al Pleno la aprobación de determinados dictámenes, informes y decisiones.

Para la validez de las deliberaciones y acuerdos de la Comisión, en Pleno o en Comisión Permanente, se requerirá la presencia del presidente o de quien le sustituya, de la mitad, al menos, de sus miembros y del secretario o de quien le sustituya.

Los acuerdos se adoptarán, preferentemente, por consenso entre el presidente y los representantes de la Administración General del

Estado y de los interlocutores sociales. De no ser ello posible, los acuerdos se adoptarán por mayoría absoluta de los asistentes, salvo en los supuestos de consulta acerca de la extensión de un convenio colectivo (Art. 12.2), de resolución de las discrepancias surgidas entre la empresa y los representantes de los trabajadores por falta de acuerdo en los procedimientos de inaplicación de las condiciones de trabajo previstas en el convenio colectivo aplicable a que se refiere el Art. 82.3 del ET (Art. 16) y para la designación de árbitros (Art. 23.2), en los que será necesaria la mayoría absoluta de los miembros de la Comisión Permanente o, en su caso, del Pleno.

Los miembros que discrepen del dictamen, informe o decisión que se apruebe por acuerdo mayoritario podrán formular voto particular por escrito, en el plazo de un día, que, como tal, se incorporará al texto del dictamen, informe o decisión.

Las funciones de la CCNCC son las siguientes (Art. 3 del RD):

a) Funciones consultivas en orden al planteamiento y determinación del ámbito funcional de los convenios colectivos (la interpretación de un convenio vigente en orden a determinar su ámbito funcional de aplicación y la determinación del convenio colectivo de aplicación a una empresa en función de sus actividades), así como emisión del preceptivo informe en los procedimientos de extensión de un convenio colectivo establecidos en el Art. 92.2 del ET.

b) Observatorio de la negociación colectiva, que englobará la información, el estudio, la documentación y la difusión de la misma (la realización de informes anuales, de carácter general o sectorial, sobre la situación de la negociación colectiva en España desde una perspectiva jurídica y económica que puedan resultar de utilidad para los interlocutores sociales para determinar los contenidos de la negociación colectiva; el seguimiento y análisis periódico de la negociación colectiva en España, tanto de la estructura de la negociación colectiva, como de sus contenidos; la difusión de buenas prácticas e innovaciones en materia de negociación colectiva conocidas en el ejercicio de los cometidos anteriormente señalados; y la realización de actividades que permitan la difusión de la negociación colectiva y del trabajo del Observatorio, tales como publicaciones, jornadas de estudios u otras utilizando para ello especialmente las tecnologías de la información y la comunicación: organización de jornadas anuales sobre la negociación colectiva o realización de foros de debate sobre problemas actuales de la negociación colectiva (Art. 15 del RD).

c) Funciones decisorias sobre la solución de discrepancias surgidas por falta de acuerdo en los procedimientos de inaplicación de las condiciones de trabajo previstas en el convenio colectivo de aplicación en los supuestos establecidos en el Art. 82.3 del ET, cuando afecten a centros de trabajo de la empresa situados en el territorio de más de una comunidad autónoma, así como cuando afecten a las empresas situadas en las ciudades de Ceuta y Melilla.

Los dictámenes, informes y decisiones de la Comisión se entenderán siempre sin perjuicio de las atribuciones que corresponden a la autoridad laboral y a la jurisdicción competente en los términos establecidos por las leyes, así como de las previsiones contempladas en los sistemas de solución autónoma de conflictos fijados por la negociación colectiva.

II.3.1.5. Las Entidades Gestoras de la Seguridad Social

Las Entidades Gestoras de la Seguridad Social —el Instituto Nacional de Seguridad Social (INSS), el Instituto de Mayores y de Servicios Sociales (IMSERSO), el Servicio público de Empleo Estatal (SEPE), el Instituto Social de la Marina (ISM), la Mutualidad General de Funcionarios Civiles del Estado (MUFACE), entre otras—, son entes de derecho público, con personalidad jurídica propia y plena capacidad de obrar en el ejercicio de sus competencias.

II.3.1.5.1. Regulación legal

El INSS, adscrito al Ministerio de Inclusión, Seguridad Social y Migraciones, está regulado por el RD 2583/1996, de 13 de noviembre;

el IMSERSO, adscrito al Ministerio de Derechos Sociales, Consumo y Agenda 2030, está regulado por el RD 1226/2005, de 13 de octubre; el SEPE, como organismo autónomo, está regulado por el RD 1383/2008, de 1 de agosto; el ISM está regulado por el RD 504/2011, de 8 de abril; y la MUFACE está regulada por el RD 577/1997, de 18 de abril.

II.3.1.5.2. Aspectos organizativos

Todas las Entidades Gestoras de la Seguridad Social tienen unos órganos de participación en el control y vigilancia de la gestión de estructura tripartita y paritaria, estando representados en todos ellos el Gobierno, las asociaciones empresariales y los sindicatos. Así:

A) En el INSS hay un Consejo General y una Comisión Ejecutiva (Arts. 3 y 4 del RD 2583/1996, de 13 de noviembre):

   a) El Consejo General está integrado por trece representantes de los sindicatos más representativos, en proporción a su representatividad; trece representantes de las organizaciones empresariales de más representatividad; y trece representantes de la Administración General del Estado.

   El Presidente será el Ministro, que será uno de los miembros representantes de la Administración General del Estado, y designará un vicepresidente entre dichos miembros.

   Son atribuciones del Consejo General elaborar los criterios de actuación del INSS, elaborar el anteproyecto de presupuesto y aprobar la memoria anual para su elevación al Gobierno.

   El Consejo General funcionará en pleno. Se reunirá trimestralmente, así como cuando lo convoque su Presidente, a iniciativa propia o a petición del 20 por 100 de sus miembros.

   b) La Comisión Ejecutiva estará integrada por nueve Vocales: tres en representación de los sindicatos, tres en representación de las organizaciones empresariales y tres en representación de la Administración General del Estado, elegidos los representantes sindicales y empresariales por y entre los respectivos Vocales del Consejo General. Su Presidente será el Director general del Instituto, que será uno de los miembros representantes de la Administración General del Estado. Actuará como Secretario, con voz pero sin voto, el Secretario del Consejo General.

Corresponde a la Comisión Ejecutiva supervisar y controlar la aplicación de los acuerdos del Consejo General, así como proponer cuantas medidas estime necesarias para el mejor cumplimiento de los fines del Instituto.

La Comisión Ejecutiva se reunirá mensualmente, así como cuando la convoque su Presidente, a iniciativa propia o de un tercio de sus miembros.

B) En el IMSERSO hay un Consejo General y una Comisión Ejecutiva (Arts. 3 y 4 del RD 1226/2005, de 10 de marzo):

a) El Consejo General está integrado por trece representantes de los sindicatos más representativos, en proporción a su representatividad, trece representantes de las organizaciones empresariales de más representatividad y trece representantes de la Administración General del Estado.

El Presidente será el Ministro, que será uno de los miembros representantes de la Administración General del Estado, y designará dos vicepresidentes entre dichos miembros.

Son atribuciones del Consejo General: elaborar las líneas de actuación del IMSERSO, elaborar el anteproyecto del presupuesto y aprobar la memoria anual para su elevación al Gobierno.

El Consejo General funcionará en pleno. Se reunirá trimestralmente, así como cuando lo convoque su Presidente, a iniciativa propia o a petición de un tercio de sus miembros.

b) La Comisión Ejecutiva estará integrada por nueve Vocales: tres en representación de los sindicatos, tres en representación de las organizaciones empresariales y tres en representación de la Administración General del Estado, elegidos los representantes sindicales y empresariales por y entre los respectivos Vocales del Consejo General.

Su Presidente será el Director general del Instituto, que será uno de los miembros representantes de la Administración General del Estado. Actuará como Secretario, con voz pero sin voto, el Secretario del Consejo General.

Corresponde a la Comisión Ejecutiva supervisar y controlar la aplicación de los acuerdos del Consejo General, así como proponer cuantas medidas estime necesarias para el mejor cumplimiento de los fines del Instituto.

La Comisión Ejecutiva se reunirá mensualmente, así como cuando la convoque su Presidente, a iniciativa propia o de un tercio de sus miembros.

C) En el SEPE hay un Consejo General y una Comisión Ejecutiva Central (Arts. 4 y 5 del RD 1383/2008, de 1 de agosto):

a) El Consejo General está integrado por el Secretario General de Empleo como Presidente; el Director General del Organismo como Vicepresidente; ocho representantes de la Administración Pública, estando el Presidente y el Vicepresidente comprendidos entre los que forman parte de esta representación; ocho representantes de las organizaciones sindicales que, de acuerdo con la legislación vigente, ostenten la representación institucional ante organismos de carácter estatal; ocho representantes de las organizaciones empresariales que, de acuerdo con la legislación vigente, ostenten la representación institucional ante organismos de carácter estatal.

Corresponde al Consejo General informar la participación del SEPE en el Programa Anual de Trabajo del Sistema Nacional de Empleo; informar el anteproyecto de presupuesto de ingresos y gastos del organismo; aprobar la Memoria anual para su elevación al Gobierno; proponer mecanismos para la coordinación y cooperación del SEPE y los servicios públicos de empleo de las comunidades autónomas en el marco del Sistema Nacional de Empleo, especialmente en lo referido a la coordinación entre las políticas activas de empleo y las prestaciones por desempleo; efectuar el seguimiento de los informes, propuestas y recomendaciones del Consejo General del Sistema Nacional de Empleo en relación con el SEPE; proponer la realización de investigaciones, estudios y análisis sobre la situación del mercado de trabajo, así como medidas para la modernización y mejora del SEPE; y cualesquiera otras competencias que legal o reglamentariamente se le atribuyan.

b) La Comisión Ejecutiva Central está integrada por el Director General del organismo como Presidente, tres representantes de la Administración General del Estado, cuatro representantes de las organizaciones sindicales que formen parte del Consejo General y cuatro representantes de las organizaciones empresariales que formen parte del Consejo General.

Corresponde a la Comisión Ejecutiva Central:

– Supervisar y controlar la aplicación de los acuerdos adoptados por el Consejo General.

– Proponer las medidas que se estimen necesarias para el mejor cumplimiento de los fines del organismo.

– Conocer con antelación, salvo en caso de urgencia, cuantas cuestiones hayan de ser sometidas al conocimiento o decisión del Consejo General.

– Informar el orden del día de las reuniones a celebrar por el Consejo General, sin perjuicio de las facultades del Presidente de dicho Consejo, respecto de aquellas reuniones que sean convocadas con carácter de urgencia en atención a la índole y trascendencia de los asuntos a tratar.

– Ejercer las funciones que le delegue el Consejo General.

– Cualesquiera otras competencias que legal o reglamentariamente se le atribuyan.

D) En el ISM hay un Consejo General y una Comisión Ejecutiva del Consejo General (Arts. 5 y 6 del RD 504/2011, de 8 de abril):

a) El Consejo General del ISM es el órgano superior a través del cual se lleva a cabo la participación de trabajadores, empresarios, cofradías de pescadores y entidades públicas, en la vigilancia y control de la gestión del Instituto.

El Consejo General, presidido por la persona titular de la Secretaría de Estado de la Seguridad Social, estará compuesto por trece representantes de la Administración General del Estado, entre los cuales se encuentra incluido el presidente del Consejo General, trece representantes de las organizaciones sindicales más representativas del sector marítimo-pesquero, trece representantes de las organizaciones empresariales más representativas del sector marítimo-pesquero y cuatro representantes de las corporaciones de derecho público del sector marítimo-pesquero.

Corresponde al Consejo General elaborar los criterios de actuación del ISM, elaborar el anteproyecto de presupuesto y aprobar el informe anual del ISM.

El Consejo General funcionará en pleno y se reunirá trimestralmente, así como cuando lo convoque su presidente, a iniciativa propia o cuando lo solicite el veinte por ciento de sus miembros.

b) La Comisión ejecutiva del Consejo General, presidida por la persona titular de la Dirección del Instituto Social de la Marina, estará compuesta por tres representantes de la Administración General del Estado, entre los cuales se encuentra incluido el presidente de la Comisión ejecutiva del Consejo General, tres representantes de las organizaciones sindicales más representativas del sector marítimo-pesquero, tres representantes de las organizaciones empresariales más representativas del sector marítimo-pesquero y un representante de las cofradías de pescadores.

Corresponde a la Comisión ejecutiva del Consejo General supervisar y controlar la aplicación de los acuerdos del Consejo General, así como proponer, en su caso, cuantas medidas, planes y programas sean necesarios para este fin.

E) En la MUFACE hay un Consejo General y una Comisión Permanente del Consejo General (Arts. 2 y 8 del RD 577/1997, de 18 de abril):

a) El Consejo General está integrado por los siguientes miembros: 1º) Por parte de la Administración del Estado: el titular de la Secretaría de Estado de Función Pública, que será el Presidente del Consejo; el Director General de la MUFACE, que será el Vicepresidente primero; y siete representantes de la Administración Civil del Estado designados por el Ministro de Hacienda. 2º) Por parte de los funcionarios, nueve representantes designados por los sindicatos presentes en el Consejo Superior de la Función Pública en proporción a los resultados obtenidos entre funcionarios al servicio de la Administración del Estado en las últimas elecciones convocadas.

Los nueve representantes de los funcionarios elegirán, de entre ellos, al Vicepresidente segundo del Consejo General. Actuará como Secretario, con voz pero sin voto, el Secretario general de MUFACE.

La Administración pública y los sindicatos designarán un suplente por cada uno de los Consejeros.

Las competencias del Consejo General son las siguientes:

- Aprobar el Plan de actuación de la Mutualidad General de Funcionarios Civiles del Estado.
- Informar el anteproyecto de presupuesto, así como el balance y las cuentas anuales.
- Establecer los criterios para la prestación de la asistencia sanitaria.
- Aprobar la memoria anual del organismo.

– Informar los proyectos de disposiciones de carácter general que establezcan o modifiquen prestaciones.

– Proponer, en su caso, cuantas medidas, planes y programas sean convenientes para el desarrollo de los mecanismos de protección del régimen especial de la Seguridad Social de los funcionarios de la Administración Civil del Estado.

– Las demás funciones que en el presente Real Decreto se le encomiendan.

b) La Comisión Permanente estará integrada por los siguientes miembros: el Director general de MUFACE, que será su Presidente; los representantes de la Administración Civil del Estado que designe el Presidente del Consejo General de entre los Consejeros de esta representación, en número inferior en uno al de los representantes de los funcionarios; y un Vocal por cada una de las organizaciones sindicales representadas en el Consejo General, elegidos por y entre los respectivos Vocales. Actuará como Secretario, con voz pero sin voto, el del Consejo General.

Corresponde a la Comisión Permanente:

– Velar por la aplicación de los acuerdos del Consejo General, así como proponer cuantas medidas estime necesarias para el mejor cumplimiento de los fines de la Mutualidad.

– Informar las convocatorias para la concesión de prestaciones de carácter anual único, en los casos en que la norma que las establezca así lo disponga.

– Informar todos los asuntos que le someta la Dirección General, así como aquéllos que deba conocer el Consejo General.

II.3.1.5.3. Aspectos funcionales

A) Las competencias del INSS son (Art. 1 del RD 2583/1996, de 13 de noviembre):

a) El reconocimiento y control del derecho a las prestaciones económicas del sistema de la Seguridad Social en su modalidad contributiva.

b) El reconocimiento y control del derecho a las prestaciones económicas del sistema de la Seguridad Social en su modalidad no contributiva.

c) El reconocimiento y control de la condición de persona asegurada y beneficiaria, ya sea como titular, familiar o asimilado, a efectos de su cobertura sanitaria.

d) En el ámbito internacional, la participación en la negociación y ejecución de los Convenios Internacionales de Seguridad Social, así como la pertenencia a asociaciones y organismos internacionales.

e) La gestión del Fondo Especial de las Mutualidades de Funcionarios de la Seguridad Social.

f) La gestión y funcionamiento del Registro de Prestaciones Sociales Públicas.

g) La gestión de las prestaciones económicas y sociales del síndrome tóxico.

h) La gestión ordinaria de sus recursos humanos.

i) La gestión ordinaria de los medios materiales asignados a su misión.

j) La realización de cuantas otras funciones le estén atribuidas legal o reglamentariamente o le sean encomendadas por el Ministerio de Seguridad Social.

k) Declarar la responsabilidad empresarial por falta de alta, cotizaciones y medidas de seguridad e higiene en el trabajo.

l) Gestión en materia de clases pasivas y del ingreso mínimo vital.

B) Las competencias del IMSERSO son (Art. 1.2 del RD 1226/2005):

a) La gestión y seguimiento de las pensiones de invalidez y jubilación en sus modalidades no contributiva.

b) Los servicios complementarios de las prestaciones del sistema de Seguridad Social.

c) El seguimiento de la gestión de las prestaciones económicas derivadas de la Ley 13/1982 (derogada por el RDL 1/2013).

d) La propuesta de normativa básica que garantice los principios de igualdad y solidaridad para la determinación de los baremos, a los efectos del reconocimiento del grado de discapacidad.

e) El fomento de la cooperación con las organizaciones y entidades que agrupan a las personas mayores.

g) El establecimiento y gestión de centros de atención especializada.

h) La propuesta, gestión y seguimiento de planes de servicios sociales de ámbito estatal en las áreas de personas mayores y de personas dependientes.

i) Las relaciones con organismos extranjeros e internacionales y la asistencia técnica a los programas de cooperación internacional en materias y colectivos de su ámbito de acción.

C) Las competencias del SEPE son (Art. 2 del RD 1383/2008, de 1 de agosto):

a) Elaborar y elevar al Ministerio de Trabajo las propuestas normativas de ámbito estatal en materia de empleo y protección por desempleo y formación profesional para el empleo que, dentro de su ámbito competencial, procedan.

b) Elaborar el anteproyecto de su presupuesto de ingresos y gastos.

c) Impulsar el desarrollo del Sistema Nacional de Empleo en colaboración con los servicios públicos de empleo de las comunidades autónomas prestando especial atención a la coordinación entre las políticas activas de empleo y las prestaciones por desempleo.

d) Percibir las ayudas financieras de la Unión Europea de fondos europeos para la cofinanciación de acciones y programas sufragados con cargo a su presupuesto y proceder a la justificación y valoración de las mismas, a través de la autoridad de gestión estatal designada al efecto por la normativa de la Unión Europea.

e) Colaborar con las comunidades autónomas y los interlocutores sociales en la elaboración del Programa Anual de Trabajo del Sistema Nacional de Empleo y los Planes de ejecución de la Estrategia Europea de Empleo, garantizando su evaluación y seguimiento conjunto.

f) Realizar la gestión y el control de las prestaciones por desempleo, garantizando el cumplimiento del compromiso de actividad, y ejerciendo la potestad sancionadora en esta materia, de acuerdo con lo establecido en la normativa vigente.

g) Mantener las bases de datos que garanticen el registro público de ofertas, demandas y contratos, mantener el observatorio de las ocupaciones y elaborar estadísticas en materia de empleo y desempleo con fines estatales.

h) Gestionar los programas de empleo y formación profesional para el empleo, que le correspondan normativamente, y estén consignados en su presupuesto de gastos.

i) Llevar a cabo investigaciones, estudios y análisis sobre la situación del mercado de trabajo y los instrumentos para mejorarlo, en colaboración con las respectivas comunidades autónomas.

j) Aquellas competencias que le correspondan según la normativa vigente de política migratoria.

k) Cualesquiera otras competencias que legal o reglamentariamente se le atribuyan.

D) Las competencias del ISM son (Art. 3.1 del RD 504/2011, de 8 de abril):

a) La gestión, administración y reconocimiento del derecho a las prestaciones del Régimen Especial de la Seguridad Social de los Trabajadores del Mar, así como la inscripción de empresas, afiliación, altas, bajas y variación de datos de los trabajadores adscritos a dicho Régimen Especial en colaboración con la Tesorería General de la Seguridad Social.

b) La colaboración con la Tesorería General de la Seguridad Social en la gestión de la cotización y la función recaudatoria en período voluntario en el sector marítimo-pesquero.

c) La gestión de las prestaciones por desempleo de los trabajadores incluidos en el Régimen Especial de la Seguridad Social de los Trabajadores del Mar.

d) La gestión de las prestaciones por cese de actividad de los trabajadores autónomos cuando estos últimos tengan cubiertas las contingencias profesionales con el Instituto Social de la Marina.

e) La asistencia sanitaria de los trabajadores del mar a bordo y en el extranjero utilizando sus propios medios tales como el centro radio médico, los buques sanitarios y de apoyo logístico, los centros asistenciales en el extranjero y otros que puedan implantarse o acordando la evacuación y repatriación de trabajadores enfermos o accidentados, sin perjuicio de las obligaciones que competen a los empresarios de acuerdo con la legislación vigente e incluyendo la concesión de subvenciones para financiar en parte la dotación obligatoria de los botiquines de a bordo.

f) La sanidad marítima, incluyendo la información sanitaria a los trabajadores del mar, la realización de los reconocimientos médicos de embarque marítimo de acuerdo con la normativa española específica y con los convenios de la Organización Internacional del Trabajo ratificados por España, la inspección y control de los medios sanitarios a bordo, de los botiquines de los que han de ir dotados los buques y cualesquiera otras actuaciones de medicina preventiva y formación sanitaria dirigida a los trabajadores del mar que se le puedan encomendar en un futuro.

g) La formación profesional marítima y sanitaria y la promoción profesional de los trabajadores del mar en activo, mediante la impartición de cursos de las correspondientes especialidades, atendiendo a las necesidades formativas que demande el sector marítimo-pesquero, de acuerdo con las directrices emanadas al respecto por la Organización Internacional del Trabajo y en el marco de los convenios y acuerdos de cooperación internacional suscritos por España.

h) La promoción del bienestar de los trabajadores del mar a bordo y en el extranjero. La asistencia social de los trabajadores del mar y sus beneficiarios en situaciones de abandono, naufragios y otros hechos análogos, y a los trabajadores del mar enrolados en buques extranjeros, tanto en el momento de su contratación como durante la realización de su trabajo y posterior repatriación, dando cumplimiento a los convenios y recomendaciones de la Organización Internacional del Trabajo. Asimismo, la gestión y reconocimiento de las prestaciones asistenciales en atención a situaciones especiales derivadas del trabajo en el mar y la dispensa de los servicios que garanticen su asistencia en casos de abandono en puertos nacionales o extranjeros.

i) La cooperación con las cofradías de pescadores en la prestación de servicios a los trabajadores del mar y sus beneficiarios en el ámbito de las competencias del Instituto Social de la Marina.

j) La gestión de los buques sanitarios y de apoyo logístico del Instituto Social de la Marina, Esperanza del Mar y Juan de la Cosa.

k) La gestión de los centros asistenciales en el extranjero, constituidos como servicios de la Administración General del Estado en el exterior.

l) La participación, fomento y desarrollo de programas y proyectos que tengan como objetivo la adaptabilidad de los trabajadores del mar, fomentando la diversificación laboral de sus capacidades.

m) La realización de estudios, informes y propuestas de proyectos normativos o programas que afecten al sector marítimo-pesquero en materia de su competencia.

n) La edición y distribución de publicaciones unitarias y/o periódicas especializadas con destino a los trabajadores y empresas del sector marítimo-pesquero.

o) En colaboración con el Ministerio de Trabajo, la cooperación con organismos internacionales con competencias en materias relacionadas con la Seguridad Social de los trabajadores del mar o con la problemática del sector marítimo-pesquero, así como la participación en la negociación y elaboración de los instrumentos internacionales que se relacionen con los trabajadores de dicho sector.

p) La coordinación y realización de programas y actividades específicos dirigidos a potenciar e incrementar la seguridad marítima y la seguridad del trabajo en el mar, así como la colaboración con otros organismos de la administración con competencias en el sector marítimo-pesquero en esta materia.

q) En las ciudades autónomas de Ceuta y Melilla y en aquellos territorios en los que dichas funciones no se hayan traspasado a la Comunidad Autónoma correspondiente, la asistencia sanitaria de los trabajadores del mar y sus beneficiarios dentro del territorio nacional, incluyendo la asistencia hospitalaria, servicios de especialidades y urgencias; la asistencia y servicios sociales dirigidos a promover el bienestar de los trabajadores del mar y de sus familias, así como la asistencia a los marinos y pescadores de la tercera edad y sus familias, la formación profesional y las políticas activas de empleo.

r) La realización de cuantas otras funciones le sean atribuidas legal o reglamentariamente.

E) Las competencias de MUFACE son las de gestionar el sistema del mutualismo administrativo (Art. 4 del Real Decreto Legislativo 4/2000, de 23 de junio, por el que se aprueba el texto refundido de la Ley sobre Seguridad Social de los Funcionarios Civiles del Estado).

II.3.1.6. Las entidades referidas a la Seguridad y Salud en el Trabajo

Una de las ideas-fuerza de la Ley 31/1995, de 8 de noviembre, de prevención de riesgos laborales (en adelante, LPRL), en cuanto a la política de prevención laboral, es la participación institucional de empresarios y trabajadores a través de las asociaciones empresariales y sindicales más representativas en la planificación, programación, organización y control de la gestión relacionada con la prevención de riesgos laborales (Arts. 5.1.b) y 12 de la LPRL).

Para ello, se crean a nivel estatal la denominada Comisión Nacional de Seguridad y Salud en el Trabajo (Art. 13 de la LPRL) y la Fundación para la Prevención de Riesgos Laborales adscrita a la Comisión (Disposición Adicional Quinta de la LPRL).

II.3.1.6.1. La Comisión Nacional de Seguridad y Salud en el Trabajo

II.3.1.6.1.1. Regulación legal

La LPRL y el RD 1879/1996, de 2 de agosto, regulan la Comisión Nacional de Seguridad y Salud en el Trabajo.

II.3.1.6.1.2. Aspectos organizativos

La Comisión Nacional de Seguridad y Salud en el Trabajo es un órgano colegiado asesor de las Administraciones Públicas en la formulación de las políticas de prevención y constituye el órgano de participación institucional en materia de seguridad y salud en el trabajo (Art. 13.1 de la LPRL).

La composición de la Comisión es la siguiente (Arts. 13.2 de la LPRL y 2 del RD 1879/1996):

a) Un representante de cada una de las Comunidades Autónomas.

b) 17 vocales en representación de la Administración General del Estado, 17 vocales en representación de las Comunidades Autónomas, un vocal por Ceuta y otro por Melilla.

c) 19 vocales en representación de las asociaciones empresariales y 19 vocales en representación de los sindicatos más representativos.

La Comisión contará con un presidente y cuatro vicepresidentes, uno por cada uno de los grupos que la integran. La presidencia recaerá en el titular de la Secretaría de Estado de Empleo, recayendo la vicepresidencia atribuida a la Administración General del Estado en el titular de la Subsecretaría de Sanidad (Arts. 13.5 de la LPRL y 2 del RD 1879/1996)

La secretaría de la Comisión —como órgano de apoyo técnico y administrativo— recae en la Dirección del Instituto Nacional de Seguridad e Higiene en el Trabajo, cuyo titular tendrá la consideración de miembro nato de la misma dentro de los Vocales asignados al Ministerio de Empleo y Seguridad Social (Arts. 13.6 de la LPRL y 2 del RD 1879/1996).

II.3.1.6.1.3. Aspectos funcionales

La Comisión funcionará en Pleno, en Comisión Permanente o en grupos de trabajo, de acuerdo con el Reglamento Interno elaborado por la Comisión y, en su defecto, con la Ley 30/1992, de Régimen Jurídico de las Administraciones Públicas y del Procedimiento Administrativo Común (Arts. 13.7 de la LPRL y 4 del RD 1879/1996).

La Comisión adoptará sus acuerdos por mayoría. A tal efecto, los representantes de las Administraciones Públicas tendrán cada uno de ellos un voto y dos los representantes de las Organizaciones empresariales y Sindicales (art. 13.4 de la LPRL).

Las funciones de la Comisión serán las dos siguientes (Art. 13.3 de la LPRL):

a) De información pasiva, esto es, tendrá derecho a ser informada de las actuaciones en materia preventiva de las distintas Administraciones Públicas competentes.

b) De información activa, consulta o propuesta en relación con dichas actuaciones.

Ambas funciones serán ejercidas respecto de todas las actuaciones preventivas de las distintas Administraciones Públicas (de asesoramiento técnico y de vigilancia y control) y, específicamente, en lo referente a:

1) Los criterios y programas generales de actuación.

2) Los proyectos de disposiciones de carácter general.

3) La coordinación de las actuaciones desarrolladas por las Administraciones Públicas competentes en materia laboral.

4) La coordinación entre las Administraciones Públicas competentes en materia laboral, sanitaria y de industria.

La Disposición Adicional Octava del Reglamento de los Servicios de Prevención (RD 39/1997, de 17 de enero) establece una concreta función de la Comisión: conocerá de los criterios adoptados por las Administraciones Laboral y Sanitaria en relación con la acreditación de las entidades especializadas para poder actuar como servicios de prevención ajenos y con la autorización de las personas físicas o jurídicas que quieran desarrollar la actividad de auditoría, con el fin de poder informar y formular propuestas dirigidas a una adecuada coordinación entre las distintas Administraciones y a la unificación de criterios.

II.3.1.6.2. La Fundación para la Prevención de Riesgos Laborales

La Disposición Adicional Quinta de la LPRL prevé la existencia de la Fundación para la Prevención de Riesgos Laborales y adscrita a la

Comisión Nacional de Seguridad y Salud en el Trabajo, con la finalidad de "*la promoción de las condiciones de seguridad y salud en el trabajo, especialmente en las pequeñas empresas, a través de la gestión y el fomento de acciones de información, asistencia técnica, formación e impulso del cumplimiento de la normativa de prevención de riesgos*".

Es aplicable a esta Fundación la Ley 50/2002, de 26 de diciembre, de Fundaciones., su Patronato se conformará por una mayoría de representantes de la Administración General del Estado, y se integrará asimismo por las restantes administraciones y organizaciones presentes en la Comisión Nacional de Seguridad y Salud en el Trabajo.

A la Fundación Estatal para la Prevención de Riesgos Laborales, FSP, le corresponde la gestión de las acciones ordinarias de impulso de la prevención de riesgos laborales de ámbito estatal, cuyo importe será del 33 % del presupuesto total de las mismas, y en las ciudades de Ceuta y Melilla, así como todas las acciones que se deriven de la Estrategia Española de Seguridad y Salud en el Trabajo.

La Comisión Nacional para la Seguridad y Salud en el Trabajo propondrá orientaciones materiales tanto al Ministerio de Trabajo y Economía Social como a las comunidades autónomas, para la elaboración y aprobación de las correspondientes convocatorias de subvenciones en sus respectivos ámbitos competenciales.

II.3.1.7. La Inspección Trabajo y Seguridad Social (ITSS)

II.3.1.7.1. Regulación legal

La Inspección de Trabajo y Seguridad Social (ITSS) está regulada por la Ley 23/2015, de 21 de julio, ordenadora del Sistema de Inspección de Trabajo y Seguridad Social.

II.3.1.7.2. Aspectos organizativos

El Organismo Estatal Inspección de Trabajo y Seguridad Social es un organismo autónomo del Estado con personalidad jurídica y capacidad de obrar para el cumplimiento de sus fines (Art. 27.1 de la

Ley 23/2015), estructurándose a nivel central en un Consejo Rector y en un Director (como órganos de dirección) y en un Consejo General Consultivo (como órgano de participación institucional en las materias relativas al Organismo) (Art. 28.2 de la Ley 23/2015).

En el Consejo General Consultivo participan ocho representantes de las organizaciones empresariales más representativas y ocho representantes de las organizaciones sindicales más representativas (Art. 30.1 de la Ley 23/2015).

II.3.1.7.3. Aspectos funcionales

Las funciones de estos representantes empresariales y sindicales serán las de información, audiencia y consulta en las materias de que tenga conocimiento el Consejo Rector (Art. 29.2 de la Ley 23/215), esto es;

a) Conocer y aprobar los planes y programas generales de actuación de la Inspección de Trabajo y Seguridad Social y las medidas necesarias para su ejecución.

b) Establecer e impulsar medidas de colaboración con otras Administraciones para el mejor ejercicio de las funciones encomendadas al Organismo Estatal.

c) Aprobar la propuesta del presupuesto de ingresos y gastos del Organismo Estatal y ser informado de su ejecución, así como aprobar las cuentas anuales.

d) Conocer e informar las propuestas normativas relativas al Sistema de Inspección, así como los criterios técnicos y procedimientos operativos comunes para el desarrollo de la función inspectora.

e) Adoptar propuestas en relación con la posición estatal en materia de Inspección de Trabajo y Seguridad Social en el ámbito europeo, y la ejecución de las acciones y programas que impulse la Unión Europea y la cooperación administrativa transnacional.

f) Adoptar propuestas sobre las cuestiones que se le sometan en relación con los procesos de ingreso, selección, formación y provisión de puestos de trabajo de los funcionarios de los Cuerpos Nacionales de Inspección, y la planificación de los recursos humanos y medios materiales del Sistema.

g) Proponer la adopción de acuerdos relativos a la aportación de recursos materiales, técnicos o económicos del Organismo Estatal y al perfeccionamiento profesional de los efectivos del Sistema, así como la adopción de criterios comunes sobre la estructura territorial y funcional del mismo, sin perjuicio de las competencias del Ministerio de Hacienda y Administraciones Públicas y de lo establecido en las respectivas leyes de presupuestos.

h) Aprobar los criterios para evaluar la eficacia y la calidad de los servicios del Organismo Estatal.

i) Conocer los informes, estadísticas y memorias a los que se refiere el Art. 3.1.3.g).

j) Aprobar, a propuesta del titular de la dirección del Organismo Estatal, los criterios de distribución de los puestos de trabajo de personal inspector correspondientes a la estructura territorial de dicho Organismo.

II.3.1.8. Otras previsiones legales de consulta a las organizaciones sociales

Además de esta participación institucional llevada a cabo en el seno de organismos consultivos, existen múltiples disposiciones laborales donde aparecen preceptos aislados referidos a la participación de los sindicatos y organizaciones empresariales en la acción laboral de la Administración Pública. Se trata de obligaciones de consulta a las organizaciones sindicales y empresariales más representativas que la legislación exige del Estado.

Así, en primer lugar, en el ET, pueden encontrarse las siguientes referencias:

- Art. 17.3, sobre no discriminación en las relaciones laborales: "*[...] el Gobierno podrá otorgar subvenciones, desgravaciones y otras medidas para fomentar el empleo de grupos específicos de trabajadores que encuentren dificultades especiales para acceder al empleo. La regulación de las mismas se hará previa consulta a las organizaciones sindicales y asociaciones empresariales más representativas*".
- Art. 27.1, sobre el salario mínimo interprofesional: "*El Gobierno fijará, previa consulta con las organizaciones sindicales y asociaciones empresariales más representativas, anualmente, el salario mínimo interprofesional*".
- Art. 34.7, en materia de ampliaciones o limitaciones en la ordenación y duración de la jornada de trabajo y de los descansos: "*El Gobierno, a propuesta de la persona titular del Ministerio de Trabajo, Migraciones y Seguridad Social y previa consulta a las organizaciones sindicales y empresariales más representativas, podrá establecer ampliaciones o limitaciones en la ordenación y duración de la jornada de trabajo y de los descansos, así como especialidades en las obligaciones de registro de jornada, para aquellos sectores, trabajos y categorías profesionales que por sus peculiaridades así lo requieran*".
- Art. 47 *bis*, respecto del Mecanismo RED de flexibilidad y Estabilización del Empleo: "*En el ámbito de la modalidad sectorial, las organizaciones sindicales y empresariales más representativas a nivel estatal podrán solicitar a los Ministerios referidos la convocatoria de la Comisión tripartita del Mecanismo RED. Esta Comisión deberá reunirse en el plazo de quince días desde dicha solicitud y analizará la existencia de los cambios referidos en el apartado 1.b), así como la necesidad, en su caso, de elevar una solicitud de activación del Mecanismo RED sectorial al Consejo de Ministros. En todo caso, con carácter previo a su elevación al Consejo de Ministros, resultará imprescindible informar a las organizaciones sindicales y empresariales más representativas a nivel estatal*".
- DA 7ª, sobre regulación de condiciones de trabajo por rama de actividad para sectores y demarcaciones territoriales sin convenio colectivo aplicable: "*La regulación de condiciones de trabajo por rama de actividad para los sectores económicos de la producción y demarcaciones territoriales en que no exista convenio colectivo*

podrá realizarse por el Gobierno, a propuesta del Ministerio de Empleo y Seguridad Social, previas las consultas que considere oportunas a las asociaciones empresariales y organizaciones sindicales, sin perjuicio de lo dispuesto en el artículo 92, que será siempre procedimiento prioritario".

- Apartado 4 de la DA 9ª, respecto de la CCNCC: "*Para el desarrollo de las funciones establecidas en esta ley, la Comisión Consultiva Nacional de Convenios Colectivos será reforzada en sus actuaciones por la Dirección General de Empleo de acuerdo con las medidas de apoyo que se establezcan en las normas de desarrollo reglamentario, previa consulta con las organizaciones sindicales y empresariales más representativas*".
- DA 12ª, respecto del preaviso en la promoción de elecciones: "*El Gobierno podrá reducir el plazo mínimo de preaviso de un mes previsto en el párrafo segundo del artículo 67.1, en los sectores de actividad con alta movilidad del personal, previa consulta con las organizaciones sindicales que en ese ámbito funcional ostenten, al menos, el diez por ciento de los representantes de los trabajadores, y con las asociaciones empresariales que cuenten con el diez por ciento de los empresarios y de los trabajadores afectados por el mismo ámbito funcional*".
- DF 2ª, sobre el desarrollo reglamentario del ET: "*El Gobierno, previas las consultas que considere oportunas a las asociaciones empresariales y organizaciones sindicales, dictará las normas necesarias para la aplicación del título II en aquellas empresas pertenecientes a sectores de actividad en las que sea relevante el número de trabajadores no fijos o el de trabajadores menores de dieciocho años, así como a los colectivos en los que, por la naturaleza de sus actividades, se ocasione una movilidad permanente, una acusada dispersión o unos desplazamientos de localidad, ligados al ejercicio normal de sus actividades, y en los que concurran otras circunstancias que hagan aconsejable su inclusión en el ámbito de aplicación del título II citado. En todo caso, dichas normas respetarán el contenido básico de esos procedimientos de representación en la empresa*".

En segundo lugar, la LPRL incorpora las siguientes disposiciones:

- Art. 5.1, en materia de elaboración de la política preventiva: "b) La elaboración de la política preventiva se llevará a cabo con la participación de los empresarios y de los trabajadores a través de sus organizaciones empresariales y sindicales más representativas".
- Art. 6.1, sobre la regulación de determinadas materias mediante normas reglamentarias: "*El Gobierno, a través de las correspondientes normas reglamentarias y previa consulta a las organizaciones sindicales y empresariales más representativas, regulará las materias que a continuación se relacionan: a) Requisitos mínimos que deben reunir las condiciones de trabajo para la protección de la seguridad y la salud de los trabajadores; b) Limitaciones o prohibiciones que afectarán a las operaciones, los procesos y las exposiciones laborales a agentes que entrañen riesgos para la seguridad y la salud de los trabajadores. Específicamente podrá establecerse el sometimiento de estos procesos u operaciones a trámites de control administrativo, así como, en el caso de agentes peligrosos, la prohibición de su empleo; c) Condiciones o requisitos especiales para cualquiera de los supuestos contemplados en el apartado anterior, tales como la exigencia de un adiestramiento o formación previa o la elaboración de un plan en el que se contengan las medidas preventivas a adoptar; d) Procedimientos de evaluación de los riesgos para la salud de los trabajadores, normalización de metodologías y guías de actuación preventiva; e) Modalidades de organización, funcionamiento y control de los servicios de prevención, considerando las peculiaridades de las pequeñas empresas con el fin de evitar obstáculos innecesarios para su creación y desarrollo, así como capacidades y aptitudes que deban reunir los mencionados servicios y los trabajadores designados para desarrollar la acción preventiva; f) Condiciones de trabajo o medidas preventivas específicas en trabajos especialmente peligrosos, en particular si para los mismos están previstos controles médicos especiales, o cuando se presenten riesgos derivados de determinadas características o situaciones especiales de los trabajadores; g) Procedimiento de calificación de las enfermedades profesionales, así como requisitos y procedimientos para la comunicación e información a la autoridad competente de los daños derivados del trabajo*".

- Art. 12, donde se regula con carácter genérica la participación de empresarios y trabajadores en materia preventiva: "*La participación de empresarios y trabajadores, a través de las organizaciones empresariales y sindicales más representativas, en la planificación, programación, organización y control de la gestión relacionada con la mejora de las condiciones de trabajo y la protección de la seguridad y salud de los trabajadores en el trabajo es principio básico de la política de prevención de riesgos laborales, a desarrollar por las Administraciones públicas competentes en los distintos niveles territoriales*".

- Art. 40.4, sobre colaboración con la ITSS: "*Las organizaciones sindicales y empresariales más representativas serán consultadas con carácter previo a la elaboración de los planes de actuación de la Inspección de Trabajo y Seguridad Social en materia de prevención de riesgos en el trabajo, en especial de los programas específicos para empresas de menos de seis trabajadores, e informadas del resultado de dichos planes*".

- DA octava, respecto de los planes de organización de actividades preventivas: "*Cada Departamento Ministerial, en el plazo de seis meses desde la entrada en vigor de esta Ley y previa consulta con las organizaciones sindicales más representativas, elevará al Consejo de Ministros una propuesta de acuerdo en la que se establezca un plan de organización de las actividades preventivas en el departamento correspondiente y en los centros, organismos y establecimientos de todo tipo dependientes del mismo.*

  A la propuesta deberá acompañarse necesariamente una memoria explicativa del coste económico de la organización propuesta, así como el calendario de ejecución del plan, con las previsiones presupuestarias adecuadas a éste".

- Apartado 1 de la DA novena, sobre normas para establecimientos militares: "*El Gobierno, en el plazo de seis meses, previa consulta con las organizaciones sindicales más representativas y a propuesta de los Ministros de Defensa y de Trabajo y Seguridad Social, adaptará las normas de los capítulos III y V de esta Ley a las exigencias de la defensa nacional, a las peculiaridades orgánicas y al régimen vigente de representación del personal en los establecimientos militares*".

En tercer lugar, la LIT señala como uno de los principios ordenadores del Sistema de ITSS la "(p)*articipación institucional de las organizaciones sindicales y empresariales más representativas respecto del conjunto de las funciones atribuidas al Sistema*" (Art. 2.1), incorporando las siguientes referencias específicas en su articulado:

- Art. 17.2, sobre la colaboración de la ITSS con estas organizaciones, en términos generales: "*La Inspección de Trabajo y Seguridad Social, en el ejercicio de las funciones de inspección, procurará la necesaria colaboración con las organizaciones empresariales y sindicales y con los representantes de los trabajadores.*

  Periódicamente, a través de los órganos establecidos en esta ley, la Autoridad Central de la Inspección de Trabajo y Seguridad Social facilitará a las organizaciones sindicales y empresariales más representativas información sobre extremos de interés general que se deduzcan de las actuaciones inspectoras, memorias de actividades y demás antecedentes, así como las instrucciones de organización de los servicios, criterios operativos generales y criterios técnicos vinculantes, en los términos establecidos en el artículo 20.2".
- Art. 35: "*La participación de las organizaciones empresariales y sindicales más representativas en los asuntos relativos a la Inspección de Trabajo y Seguridad Social, circunscritos al ámbito territorial de las Comunidades Autónomas, se producirá en los órganos de representación de carácter consultivo, en la forma en que se prevea por estas*".

En cuarto lugar y último lugar, la LGSS incorpora las siguientes referencias:

- Art. 7.5, relativo a la extensión del campo de aplicación: "*No obstante lo dispuesto en los apartados anteriores del presente artículo, el Gobierno, a propuesta del Ministerio de Empleo y Seguridad Social y oídos las organizaciones sindicales más representativas o el colegio oficial competente, podrá, a instancia de los interesados, excluir del campo de aplicación del régimen de la Seguridad Social correspondiente, a las personas cuyo trabajo por cuenta ajena, en atención a su jornada o a su retribución, pueda considerarse marginal y no constitutivo de medio fundamental de vida*".

- Art. 206, sobre la jubilación anticipada por razón de la actividad: "*En los términos que se establezcan reglamentariamente, el inicio del procedimiento deberá instarse conjuntamente por organizaciones empresariales y sindicales más representativas, si el colectivo afectado está constituido por trabajadores por cuenta ajena; y por asociaciones representativas de trabajadores autónomos y organizaciones empresariales y sindicales más representativas, cuando se trate de trabajadores por cuenta propia. Cuando el procedimiento afecte al personal de las administraciones públicas la iniciativa corresponderá conjuntamente a las organizaciones sindicales más representativas y a la administración de la que dependa el colectivo*" (Art. 206.2). Además, se indica que reglamentariamente se establecerán indicadores que acrediten la concurrencia de circunstancias objetivas que justifiquen la aplicación de coeficientes reductores que permitan anticipar la edad de jubilación "*a partir de, entre otros, la incidencia, persistencia y duración de los procesos de baja laboral, así como las incapacidades permanentes o fallecimientos que se puedan causar*". Su valoración "*corresponderá a una comisión integrada por los ministerios de Inclusión, Seguridad Social y Migraciones, Trabajo y Economía Social, y Hacienda y Función Pública, junto a las organizaciones empresariales y sindicales más representativas a nivel estatal que estará encargada de evaluar y, en su caso, instar la aprobación de los correspondientes reales decretos de reconocimiento de coeficientes reductores*" (Art. 206.3).
- DA vigésima segunda, relativa al informe sobre la adecuación y suficiencia de las pensiones del sistema de la Seguridad Social: "*El Gobierno elaborará quinquenalmente, desde la aprobación de la Ley 23/2013, de 23 de diciembre, reguladora del Factor de Sostenibilidad y del Índice de Revalorización del Sistema de Pensiones de la Seguridad Social, un estudio, para su presentación en el Congreso de los Diputados y en el ámbito del diálogo social con las organizaciones sindicales y empresariales, sobre los efectos de las medidas adoptadas en dicha norma en la suficiencia y adecuación de las pensiones de la Seguridad Social*".
- Apartado 4 de la DA trigésima séptima, sobre el alcance temporal de las acciones positivas para la reducción de la brecha de género en las pensiones contributivas: "*Una vez que la brecha*

de género de las pensiones de jubilación de un año sea igual o inferior al 5 por ciento, el Gobierno remitirá a las Cortes Generales un proyecto de ley para derogar el artículo 60 y las demás medidas que hayan podido ser adoptadas en dicha materia, previa consulta con los interlocutores sociales".

- DA trigésima novena, en materia de seguimiento de la revalorización de las pensiones y garantía de mantenimiento de poder adquisitivo de las pensiones: "*Con el objetivo de preservar el mantenimiento del poder adquisitivo de las pensiones y garantizar la suficiencia económica de los pensionistas, el Gobierno y las organizaciones empresariales y sindicales más representativas realizarán, en el marco del diálogo social, una evaluación periódica, cada cinco años, de los efectos de la revalorización anual de la que se dará traslado a la Comisión de Seguimiento y Evaluación de los Acuerdos del Pacto de Toledo. En caso de que se observase alguna desviación, dicha evaluación incorporará una propuesta de actuación para preservar el mantenimiento del poder adquisitivo de las pensiones*".
- DF cuarta, sobre trabajadores que permanezcan en activo tras alcanzar la edad ordinaria de jubilación: "*El Gobierno podrá otorgar desgravaciones, o deducciones de cotizaciones sociales, en aquellos supuestos en que el trabajador opte por permanecer en activo, una vez alcanzada la edad prevista en el artículo 205.1, con suspensión proporcional al percibo de la pensión. La regulación de los mismos se hará previa consulta a las organizaciones sindicales y asociaciones empresariales más representativas*".

II.4. LA PARTICIPACIÓN INSTITUCIONAL EN ORGANISMOS PÚBLICOS LABORALES DE LAS COMUNIDADES AUTÓNOMAS

II.4.1. La regulación autonómica de la participación institucional

II.4.1.1. Regulación legal

La mayoría de las Comunidades Autónomas cuentan, a día de hoy, con una normativa específica encargada de regular en su territorio, con carácter general, la participación institucional de las organizaciones sindicales y empresariales. Así, cabría mencionar:

- Ley 1/2018, de 8 de febrero, de diálogo social y participación institucional en Aragón.
- Ley 2/2011, de 22 de marzo, por la que se regula la participación institucional de las organizaciones empresariales y sindicales más representativas de la Comunidad Autónoma de las Illes Balears.
- Ley 10/2014, de 18 de diciembre, de participación institucional de las organizaciones sindicales y empresariales más representativas de Canarias.
- Ley 4/2009, de 1 de diciembre, de participación institucional de los Agentes Sociales en el ámbito de la Comunidad Autónoma (Cantabria).
- Ley 8/2008, de 16 de octubre, para la creación del Consejo del Diálogo Social y regulación de la participación institucional (Castilla y León).
- Decreto-ley 9/2020, de 24 de marzo, por el que se regula la participación institucional, el diálogo social permanente y la concertación social de las organizaciones sindicales y empresariales más representativas en Cataluña.
- Ley 7/2015, de 2 de abril, de participación y colaboración institucional de las organizaciones sindicales y empresariales representativas en la Comunitat Valenciana.
- Ley 3/2003, de 13 de marzo, sobre participación institucional de los agentes sociales más representativos (Extremadura).
- Ley 17/2008, de 29 de diciembre, de participación institucional de las organizaciones sindicales y empresariales más representativas de Galicia.
- Ley 1/2016, de 4 de abril, de impulso y consolidación del diálogo social en La Rioja; la Ley 7/1995, de 28 de marzo, de participación de los agentes sociales en las entidades públicas de la Administración de la Comunidad de Madrid.

- Ley 5/2017, de 5 de julio, de participación institucional de las organizaciones sindicales y empresariales más representativas en el ámbito de la Región de Murcia.
- Ley Foral 22/2014, de 12 de noviembre, por la que se crea el Consejo Navarro de Diálogo Social en Navarra.

Carecen, pues, de este tipo de regulación específica Andalucía, Asturias, Castilla La Mancha y el País Vasco, si bien en este último caso el Decreto 3/2019, de 15 de enero, de creación de la Mesa de Diálogo Social en la Comunidad Autónoma del País Vasco indica que *"El presente Decreto persigue consolidar la concertación social mediante la institucionalización del diálogo social permanente en la denominada Mesa de Diálogo Social, lo que sin duda es uno de los fenómenos políticos más enriquecedores de la democracia (…)Y ello, sin perjuicio de que tanto el Gobierno como las organizaciones sindicales y empresariales más representativas que la integran contemplen a futuro, y tras la evaluación de su funcionamiento, la oportunidad de plantear una norma con rango de ley que regule esta participación institucional, a semejanza de otras Comunidades Autónomas que ya la han llevado a cabo, a medida que el diálogo social abarque otros niveles institucionales de intervención en las materias de trabajo que le sean propios"*.

Como fundamento de dichas regulaciones generales —que otorgan estabilidad al diálogo social y a la participación institucional mediante la creación de Mesas o Consejos autonómicos de Diálogo Social— las Exposiciones de Motivos de las normas autonómicas suelen mencionar, además de los preceptos correspondientes de sus propios Estatutos de Autonomía, los Arts.7, 9.2 y/o 129.1 de la CE. También son frecuentes (casos de Baleares, Cataluña, Navarra, Cantabria y Murcia) las alusiones a la Comunicación de 12 de agosto de 2004, sobre el Diálogo Social Europeo, y al Convenio núm. 150 de la OIT, sobre la Administración del Trabajo, de 1978, ratificado en 1982, cuyo Art. 5 dispone que todo miembro que haya ratificado el Convenio deberá establecer procedimientos apropiados a las condiciones nacionales para garantizar, dentro del sistema de administración del trabajo, la consulta, la cooperación y la negociación entre las autoridades públicas y las organizaciones más representativas de empresarios y trabajadores. Con menor frecuencia (Cantabria y Murcia) se cita, en fin, el Convenio núm. 144 de la OIT, de 1976, ratificado en 1984, sobre consulta tripartita (1976).

II.4.1.2. Estructura y contenido

Además de tratar el tema de la financiación, las normas autonómicas estructuran la regulación de la participación institucional de manera muy similar, centrándose en el desarrollo de cinco cuestiones esenciales:

1ª) La primera de ellas, relativa al objeto de regulación, incorpora definiciones de lo que se considera como participación institucional que incluyen, en todo caso, referencias a la defensa y promoción por parte de las organizaciones empresariales y sindicales de los intereses que les son propios.

2ª) La segunda cuestión tratada por las leyes autonómicas —el ámbito de aplicación— integra listados de los ámbitos de intervención en los que debe ejercerse el derecho de participación institucional en la administración autonómica, comprensivos siempre de organismos y entidades públicas de carácter socio-económico, especificando, al tiempo, los procesos (negociación de convenios colectivos laborales; participación o negociación colectiva en el empleo público) u órganos que quedan excluidos en cada caso de la aplicación de la ley.

3ª) En tercer lugar, se definen los criterios de representatividad que regirán la determinación de los representantes de las organizaciones sindicales y empresariales en los órganos autonómicos concernidos. Para ello, se acude al criterio de mayor representatividad contenido en los Arts. 6.2 y 7.1 de la LOLS, siendo frecuente la mención de la disposición adicional primera de la LOLS (*"...En materia de participación institucional se entenderá por momento de ejercicio el de constitución del órgano y, en su caso, el de renovación de sus miembros. En el supuesto de que el órgano correspondiente no tenga prevista una renovación periódica de los representantes sindicales, el sindicato interesado podrá solicitar en el mes de enero, y cada tres años a partir de esa fecha, su participación en el órgano correspondiente, aportando certificación acreditativa de su capacidad representativa"*) y disposición adicional sexta del ET (*"A efectos de ostentar representación institucional en defensa de intereses generales de los empresarios ante las Administraciones Públicas y otras entidades u organismos de carácter estatal o de comunidad autónoma que la tengan prevista, se entenderá que gozan de esta capacidad representativa las asociaciones empresariales que cuenten con el diez por ciento o más de las empresas y trabajadores en el ámbito estatal. Asimismo, podrán también estar representadas las asociaciones empresariales de comunidad autónoma que cuenten en esta con un mínimo del quince por ciento de los empresarios y trabajadores. No estarán comprendidas en este supuesto las asociaciones empresariales que estén integradas en federaciones o confederaciones de ámbito estatal...* "). Cabe señalar, no obstante, la existencia de algún supuesto en el que se añade que, a los exclusivos efectos de la ley, se considerará suficiente la representatividad de otras organizaciones sindicales[5]. En otros casos, se habilita a los sindicatos simplemente representativos, de manera más matizada, bien apostando por el criterio de la mayor representatividad *"salvo distinto criterio establecido en norma legal o reglamentaria" (Cantabria y Aragón), o bien refiriéndose, genéricamente, a las "organizaciones o instituciones" representativas de intereses sectoriales (Galicia, Baleares, Murcia y Castilla La Mancha)*[6].

Por otro lado, se recuerda expresamente en ocasiones la necesidad de que la representación se ostente en el momento de constitución del órgano de participación y, en su caso, en el de renovación; mientras en otras se hace constar la aplicación de los criterios de paridad entre las organizaciones sindicales

---

5 El artículo 3.2 de la Ley 7/2015, de 2 de abril, de participación y colaboración institucional de las organizaciones sindicales y empresariales representativas en la Comunitat Valenciana, dispone lo siguiente: "No obstante, a los exclusivos efectos de esta ley, se considerará suficiente la representatividad de aquellas organizaciones sindicales que reúnan las siguientes condiciones: a) Carácter intersectorial; b) Una cifra mínima de representantes de los trabajadores y las trabajadoras que supongan un porcentaje del total de representantes electos en la Comunitat Valenciana; c) La representación de los precitados sindicatos debe extenderse a las tres provincias que integran la Comunitat Valenciana". Decreto 193/2015, de 23 octubre, del Consell de la Generalidad Valenciana por el que se aprobó el Reglamento de la Ley 7/2015, de 2 abril.

6 Ampliamente, GARCÍA PIÑEIRO, N. P., "La participación institucional de los "otros" sindicatos", *Trabajo y Empresa. Revista de Derecho del Trabajo*, n.º 3, 2023, p. 174 y ss.

y empresariales y de proporcionalidad en función del porcentaje de representatividad cuando sea necesario efectuar distribuciones de puestos. Por su parte, la designación de los representantes se deja, en todo caso, en manos de los órganos de dirección de las organizaciones sindicales y empresariales, si bien exigiendo el cumplimiento de la normativa de igualdad entre mujeres y hombres en relación con la participación equilibrada de ambos sexos.

4ª) La inmensa mayoría de normas se refieren, como cuarta cuestión, al contenido de la participación institucional en su ámbito de aplicación. A estos efectos, reconocen a los órganos que tengan atribuidas funciones en la materia competencias relacionadas con el conocimiento previo de los anteproyectos de ley o los proyectos de normas reglamentarias de desarrollo de normas legales en las materias de su competencia; la recepción de información sobre los planes, programas y actuaciones desarrollados respecto a las materias incluidas en el ámbito de aplicación de la norma autonómica; la proposición de criterios, directrices y líneas generales de actuación respecto a las materias propias del ámbito de aplicación de la norma autonómica y la participación en su elaboración; o la proposición de la adopción de las iniciativas legislativas o las actuaciones concretas que estimen convenientes en las materias objeto de participación.

5ª) La quinta cuestión regulada por la inmensa mayoría de normas autonómicas guarda relación, finalmente, con los derechos y deberes de las personas que ejercen funciones de participación institucional. Entre los derechos suelen enumerarse los relativos a la asistencia a las reuniones de los órganos de participación o el de ser convocado y recibir la correspondiente información en tiempo y forma. En cuanto a los deberes son normales las referencias a la custodia de los documentos a los que se tenga acceso, o al deber de guardar confidencialidad sobre la información obtenida en las reuniones que fuese declarada reservada y sobre las deliberaciones con esa información relacionadas, así como a la necesidad de utilizar la información solo para los fines a los que va destinada.

Al margen de estas regulaciones de carácter general, la participación institucional se encuentra reconocida a nivel autonómico en organismos públicos específicamente laborales como son los Comités Consultivos Autonómicos, los Tribunales Laborales Arbitrales Autonómicos y las Comisiones Consultivas Autonómicas de Convenios Colectivos, en cierto modo como *"remedo"* a nivel autonómico del CES, del SIMA y de la CCNCC, respectivamente.

II.4.2. Los Comités Consultivos Autonómicos

II.4.2.1. Regulación legal

Con base constitucional en el Art. 148.1 de la CE, que atribuye a las Comunidades Autónomas, como competencia propia, la *"organización de sus instituciones de autogobierno"* y en los correspondientes Estatutos de Autonomía que recogen las competencias autonómicas, se han creado en la práctica totalidad de Comunidades Autónomas los denominados Consejos Económicos y Sociales y los Consejos de Relaciones Laborales[7], con amplias funciones en materia de relaciones laborales, siempre que no asuman competencias de titularidad estatal exclusiva (STC de 14 de junio de 1982).

Más concretamente, en todas las Comunidades Autónomas, salvo Asturias, Castilla la Mancha y La Rioja (donde se han suprimido o

---

7 Al respecto pueden verse los estudios de AGUILERA IZQUIERDO, R., "El Consejo económico y Social nacional, los Consejos Económicos y sociales Autonómicos y los Consejos de Relaciones Laborales", *Civitas. Revista Española de Derecho del Trabajo,* n.º 90, 1998, p. 563-577; CALVO GALLEGO, F. J., "Leyes de participación institucional y consejos de relaciones laborales en el acual mapa autonómico", *Temas laborales: Revista andaluza de trabajo y bienestar social,* n.º 100 (2) 2009, p. 575-611; así como los más recientes de RODRÍGUEZ ESCANCIANO, S., "El diálogo y la concertación social en los Estatutos de Autonomía. Consejos y otros órganos de participación institucional", *Trabajo y Derecho: nueva revista de actualidad y relaciones laborales,* n.º 15, 2022, p. 1-39; o CABERO MORÁN, E., "Los Consejos Económicos y Sociales de las Comunidades Autónomas", *Trabajo y derecho: nueva revista de actualidad y relaciones laborales,* n.º 15, 2022, p. 1-23.

suspendido por razones de austeridad económica)[8] existe un Consejo Económico y Social, con una composición y funciones similares a las del Consejo Económico y Social estatal. Las leyes reguladoras de estos Consejos autonómicos son las siguientes:

- Ley 5/1997, de 26 de noviembre, del Consejo Económico y Social de Andalucía.
- Ley 9/1990, de 9 de noviembre, del Consejo Económico y Social de Aragón.
- Ley 10/2000, de 30 de noviembre, del Consejo Económico y Social de las Illes Balears.
- Ley 1/1992, de 27 de abril, del Consejo Económico y Social (Canarias).
- Ley 8/2018, de 11 de diciembre, del Consejo Económico y Social de Cantabria.
- Ley 13/1990, de 28 de noviembre, del Consejo Económico y Social de Castilla y León.
- Ley 7/2005, de 8 de junio, del del Consejo de Trabajo, Económico y Social de Cataluña.
- Ley 1/2014, de 28 de febrero, de la Generalitat, del Comité Econòmic i Social de la Comunitat Valenciana.
- Ley 3/1991, de 25 de abril, de creación del Consejo Económico y Social de Extremadura.
- Ley 6/1995, de 28 de junio, por la que se crea el Consejo Económico y Social de Galicia.
- Ley 6/1997, de 18 de julio, reguladora del Consejo Económico y Social de La Rioja.
- Ley 3/1993, de 16 de julio, del Consejo Económico y Social de la Región de Murcia.

---

8 En Baleares, Cantabria y la Rioja también se suprimieron, pero se han recuperado con posterioridad. Al respecto, ampliamente, CABERO MORÁN, E., "Los Consejos Económicos y Sociales de las Comunidades Autónomas", *op. cit.*, p. 8 y ss.

- Ley Foral 2/2006, de 9 de marzo, del Consejo Económico y Social de Navarra.
- Ley 8/2012, de 17 de mayo, del Consejo Económico y Social Vasco.

Del mismo modo, en casi todas las Comunidades Autónomas se ha creado un Consejo de Relaciones Laborales, de carácter tripartito o bipartito, con la excepción de Baleares —donde se ha creado una Comisión Consultiva de Convenios Colectivos, con funciones similares— y Navarra —donde existe, no obstante, además del Consejo Económico y Social, un Consejo Navarro de Diálogo Social[9]—. En este caso, la relación de normativa aplicable es la siguiente:

- Ley 4/1983, de 27 de junio, del Consejo Andaluz de Relaciones Laborales.
- Decreto 112/2014, de 8 de julio, del Gobierno de Aragón, por el que se regula el Consejo de Relaciones Laborales de Aragón.
- Decreto 122/2002, de 23 de septiembre, por el que se regula la organización y funcionamiento del Consejo de Relaciones Laborales y Políticas Activas de Empleo (Asturias).
- Ley 2/1995, de 30 de enero, de Creación del Consejo Canario de Relaciones Laborales.
- Decreto 56/2010, de 2 de septiembre, de creación del Consejo de Relaciones Laborales de Cantabria.
- Decreto 14/2014, de 3 de abril, por el que se regula el Consejo Regional de Trabajo de Castilla y León, y los Consejos Provinciales de Trabajo, y se crea la Comisión de Convenios Colectivos de Castilla y León.

---

9 GARCÍA PIÑEIRO, N. P., "La participación institucional de los "otros"..., *op. cit.*, p. 177, apunta que, en la composición de dicho Consejo, del que forman parte en la actualidad CCOO y UGT, no se ha tenido en cuenta que desde octubre de 2022 el sindicato ELA ha pasado a ser sindicato más representativo en Navarra.

- Ley 9/2002, de 6 de junio, de Creación del Consejo de Relaciones Laborales de Castilla-La Mancha.
- Ley 1/2007, de 5 de junio, del Consejo de Relaciones Laborales.
- Decreto 88/2013, de 5 de julio, del Consell, por el que se regula el Consejo Tripartito para el Desarrollo de las Relaciones Laborales y la Negociación Colectiva de la Comunitat Valenciana.
- Acuerdo Interprofesional por el que se crea el Consejo de Relaciones Laborales de Extremadura, de ámbito de Comunidad Autónoma.
- Ley 5/2008, de 23 de mayo, por la que se regula el Consejo Gallego de Relaciones Laborales.
- Decreto 19/2003, de 20 de mayo, por el que se crea y regula el Consejo Riojano de Relaciones Laborales.
- Decreto 103/1997, de 31 de julio, por el que se crea el Consejo de Relaciones Laborales de la Comunidad de Madrid.
- Decreto 33/2013, de 12 de abril, que crea el Consejo Autonómico de Relaciones Laborales de la Región de Murcia, y regula su funcionamiento.
- Ley 4/2012, de 23 de febrero, de Lan Harremanen Kontseilua / Consejo de Relaciones Laborales (País Vasco).

II.4.2.2. Aspectos organizativos

Los miembros de los Consejos Económicos y Sociales autonómicos se distribuyen en una serie de grupos entre los que se encuentran, en todo caso, los de las organizaciones sindicales y empresariales más representativas y un tercer grupo heterogéneo.

De este tercer grupo forman parte un número variable de representantes de organizaciones de los sectores agrario y pesquero, de los consumidores y usuarios, de la economía social, de protección medioambiental, del tercer sector de acción social, de las personas con discapacidad, de trabajadores autónomos, sindicales que no tienen la consideración de más representativos, de la economía alternativa y solidaria y vecinales, así como de personas expertas y representantes del gobierno, de la administración autonómica y de otras instituciones y entidades (Ayuntamientos y Diputaciones provinciales o Federaciones autonómicas de municipios y provincias, Universidades, Cámaras de Comercio, Industria y Navegación, colegios profesionales, consejos de la juventud y cajas o entidades financieras)[10].

En cuanto a la composición de los Consejos de Relaciones Laborales, se aprecian dos tipos de Consejos:

a) Los de carácter tripartito: Cataluña (11 representantes sindicales; 11 empresariales; 6 gubernamentales; el Consejero de Trabajo como presidente) o Andalucía (10 representantes sindicales; 10 empresariales; 4 gubernamentales; 4 miembros de reconocida valía profesional designados por el Presidente de la Junta).

b) Los de carácter bipartito: País Vasco (no hay representantes gubernamentales. El presidente y vicepresidente son elegidos por el Consejo por su imparcialidad y conocimientos laborales) o Castilla-La Mancha (donde tan sólo preside el Consejero de Trabajo y es vicepresidente un Director General de la Consejería).

II.4.2.3. Aspectos funcionales

Las normas de creación de los Consejos Económicos y Sociales de las Comunidades Autónomas otorgan a estos órganos consultivos en materia económica y social, generalmente, las funciones de informar con carácter preceptivo sobre la normativa relacionada con la política económica y social, y la de elaborar propuestas, dictámenes e informes —a solicitud del Gobierno, de las Cortes, o a iniciativa

---

10 CABERO MORÁN, E., "Los Consejos Económicos y Sociales de las Comunidades Autónomas", *op. cit.*, p. 12-13.

propia— que incluyen la confección de una memoria anual sobre la situación económica y social de la Comunidad Autónoma.

En cuanto a los Consejos de Relaciones Laborales, sus normas de creación les suelen atribuir las competencias siguientes:

a) Funciones de mediación y arbitraje en conflictos colectivos, naturalmente, a petición de parte, esto es, actuación voluntaria, no obligada.

b) El fomento de la negociación colectiva. Así, por ejemplo, la búsqueda de alternativas tendentes a incentivar la negociación en las zonas o sectores donde no exista, o la promoción de una negociación colectiva regional o comunitaria. En ocasiones (Aragón o Valencia) dirimen las discrepancias derivadas de los procedimientos de inaplicación de convenios del Art. 82.3 del ET.

c) La elaboración de proyectos en materia de política laboral o social para proponer al Gobierno Autónomo y la confección de estudios y dictámenes en estas materias a iniciativa propia o a petición del Gobierno o del Parlamento Autónomo.

El solapamiento de funciones de estos Consejos de consulta y de diálogo entre las organizaciones sindicales y empresariales y de las atribuidas a los Consejos Económicos y Sociales ha llevado a efectuar en el caso de la Comunidad Autónoma vasca una tarea de delimitación de funciones consistente en la precisión de las materias respecto a las que el Consejo de relaciones laborales va a desarrollar sus funciones consultivas, delimitando el ámbito de lo *"laboral"* (*vid.* Exposición de Motivos de la Ley 4/2012, de 23 de febrero, de Lan Harremanen Kontseilua / Consejo de Relaciones Laborales).

Las funciones que en ningún caso podrá realizar un Consejo Autonómico son las siguientes[11]:

---

[11] ROJO TORRECILLA, E., "Los Consejos de Relaciones Laborales de las Comunidades Autónomas (un instrumento de ayuda para la salida de la crisis)", en: *El derecho del trabajo y de la seguridad social ante la crisis económica*, Universidad Complutense de Madrid, 1984, p. 317 y ss.

1ª) La sustitución de los interlocutores sociales en la negociación colectiva, por ir contra el principio de autonomía colectiva de la CE (Art. 37.1) y del ET (Título III). Podrá, tan sólo, elaborar propuestas de acuerdo que habrá luego que formalizar según el ET para que alcancen eficacia jurídica.

2ª) La sustitución del Estado en su potestad legislativa y reglamentaria, lo que atentaría contra el Art. 149.1.7 de la C.E., que atribuye la exclusiva al Estado en materia de legislación laboral, entendiéndose dentro de ella la actividad reglamentaria, según el propio Tribunal Constitucional. Otra solución atentaría además al principio de no discriminación del Art. 14 de la Constitución.

La STC de 14 de junio de 1982 considera, en este sentido, que una Comunidad Autónoma es competente para crear un Consejo de Relaciones Laborales *"siempre que en su constitución y funcionamiento no supere los entornos que imponen la Constitución y el Estatuto de Autonomía"*, esto es, siempre que tales organismos no asuman competencias que son de titularidad estatal exclusiva.

Por esta razón, la Sentencia declaró inconstitucional el n.º 7 de Art. 2 de la Ley Autonómica Vasca que atribuía al Consejo de Relaciones Laborales la facultad de *"proponer al Departamento de Trabajo o en su caso informar previamente la posibilidad de extensión de convenios colectivos en vigor a determinados sectores"*, por entender el Tribunal Constitucional que, según el Art. 92 del ET, tal facultad corresponde a las comisiones paritarias específicas allí previstas.

Asimismo, la Sentencia declaró inconstitucional el n.º 2 del Art. 3 de la Ley Autonómica Vasca que permitía al Consejo adoptar acuerdos de carácter interprofesional sobre materias concretas y aquellas otras que tuvieran como finalidad crear un marco propio de las relaciones laborales en el País Vasco. El Tribunal Constitucional entendió que la Comunidad Autónoma carece de competencia *"para introducir norma alguna destinada a incidir sobre las relaciones laborales y perteneciente por tanto al ámbito de la legislación del Estado"*.

II.4.3. Los órganos autonómicos de solución autónoma de conflictos laborales

II.4.3.1. Regulación legal

Con origen en los acuerdos de solución autónoma de conflictos firmados en las Comunidades Autónomas al amparo de los Arts. 83.3 y 91.2 del ET han surgido en cada una de ellas, con diversas denominaciones, sistemas autonómicos de solución autónoma de conflictos laborales[12]:

- Sistema Extrajudicial de Resolución de Conflictos Laborales de Andalucía (SERCLA, Acuerdo Interprofesional sobre Sistema Extrajudicial de Resolución de Conflictos Laborales de Andalucía, de 7 de enero de 2015; Acuerdo Interprofesional por el que se aprueba el Reglamento de funcionamiento y procedimiento del Sistema Extrajudicial de Resolución de Conflictos Laborales de Andalucía, de 25 de enero de 2022).
- Servicio Aragonés de Mediación y Arbitraje (SAMA, IV Acuerdo sobre Solución Extrajudicial de Conflictos Laborales en Aragón, de 2 de mayo de 2013; Acuerdo de modificación del IV Acuerdo sobre Solución Extrajudicial de Conflictos Laborales en Aragón (IV ASECLA), de 4 de mayo de 2022).
- Servicio Asturiano de Solución Extrajudicial de Conflictos (SASEC, Acuerdo Interprofesional sobre Solución Extrajudicial de Conflictos Laborales de Asturias, de 2 de octubre de 2003).
- Tribunal de Arbitraje y Mediación de las Illes Balears (TAMIB, II Acuerdo Interprofesional sobre renovación y potenciación del Tribunal de Arbitraje y Mediación de las Illes Balears (TAMIB), de 12 de enero de 2005).

---

12 *Vid.* CONSEJO ECONÓMICO Y SOCIAL DE CASTILLA-LEÓN, *El sistema de solución autónoma de conflictos laborales en Castilla y León*, Consejo Económico y Social de Castilla-León, 2023.

- Tribunal Laboral de Canarias (Acuerdo Interprofesional Canario de 21 de mayo de 2004 por el que se modifican y refunden los Acuerdos sobre procedimientos extrajudiciales de solución de conflictos de trabajo).
- Fundación para las Relaciones Laborales de Cantabria (ORECLA, VI Acuerdo Interprofesional de Cantabria sobre Resolución Extrajudicial de Conflictos Laborales, de 5 de julio 2010).
- Jurado Arbitral Laboral de Castilla-La Mancha (III Acuerdo sobre Solución Autónoma de Conflictos Laborales de Castilla-La Mancha, de 9 de diciembre de 2013).
- Tribunal Laboral de Cataluña (TLC, Acuerdo Interprofesional de Catalunya 2018-2020 de 4 de septiembre de 2018 y Reglamento de Funcionamiento del TRADE, derivado de Acuerdo de 9 de junio de 2008 del Comité Paritario de Interpretación, Aplicación y Seguimiento del Acuerdo Interprofesional de Cataluña).
- Fundación Tribunal de Arbitraje Laboral de la Comunitat Valenciana (TAL, VII Acuerdo de Solución Autónoma de Conflictos Laborales de la Comunidad Valenciana (ASAC-CV), de 8 de febrero de 2023).
- Servicio de Mediación y Arbitraje de la Fundación de Relaciones Laborales de Extremadura (Acuerdo Interprofesional sobre Solución Extrajudicial de Conflictos Laborales de Extremadura (ASEC-EX), de 4 de marzo de 1998).
- Área de Solución Extrajudicial de Conflictos de Trabajo del Consejo Gallego de Relaciones Laborales, Acuerdo Interprofesional Gallego sobre Procedimientos Extrajudiciales de Solución de Conflictos de Trabajo (AGA), de 28 de noviembre de 2019).
- Tribunal Laboral de La Rioja (Acuerdo Interprofesional de La Rioja, de 23 de noviembre de 1994; Acuerdo de Interpretación, aplicación y Seguimiento, de 4 de febrero de 2016).
- Regional de Mediación y Arbitraje (IRMA-FSP, III Acuerdo Interprofesional sobre Sistema de Solución Autónoma de

Conflictos Laborales en la Comunidad de Madrid, de 29 de noviembre de 2022).

- Oficina Extrajudicial de Resolución de Conflictos Laborales de la Fundación de Relaciones Laborales de la Región de Murcia (III Acuerdo sobre Solución Autónoma de Conflictos Laborales de la Región de Murcia, de 8 de octubre de 2020).
- Tribunal Laboral de Navarra (Revisión del Acuerdo Interprofesional sobre Procedimientos Extrajudiciales de Solución de Conflictos Laborales de Navarra, de 25 de noviembre de 2013; Protocolo de actuación de 21 de septiembre de 2015 suscrito con el Tribunal Superior de Justicia de Navarra, para derivación de procedimientos judiciales, por el que se establece un marco de colaboración estable entre los juzgados y tribunales del orden social en Navarra y el Tribunal de Solución de Conflictos Laborales de Navarra).
- Consejo de Relaciones Laborales (PRECO, Acuerdo Interprofesional sobre procedimientos voluntarios para la solución de conflictos laborales —PRECO, de 16 de febrero de 2000—).

II.4.3.2. Aspectos organizativos

La configuración de estos órganos autonómicos encargados de la solución autónoma de conflictos laborales responde a dos modelos fundamentales[13].

En el más extendido de ellos se opta, como en el estatal, por una gestión externa a la Administración laboral que se traduce en la creación de fundaciones. Es el caso del Servicio Aragonés de Mediación y Arbitraje (SAMA); el Servicio Asturiano de Solución Extrajudicial de Conflictos (SASEC); el Jurado Arbitral Laboral de Castilla-La Mancha; el Tribunal Laboral de Cataluña (TAC); el Tribunal de Arbitraje Laboral de la Comunitat Valenciana (TAL); el Tribunal Laboral de

---

13 RODRÍGUEZ ESCANCIANO, S., "El diálogo y la concertación social en los Estatutos de Autonomía. Consejos y otros órganos de participación institucional", *op. cit.*, p. 15.

La Rioja; La Fundación Instituto Regional de Mediación y Arbitraje de Madrid (IRMA-FSP); el Tribunal Laboral de Navarra; el Tribunal de Arbitraje y Mediación de las Illes Balears (TAMIB); o el Tribunal Laboral de Canarias. El Organismo de Resolución Extrajudicial de Conflictos Laborales de Cantabria (ORECLA); el Servicio de Mediación y Arbitraje de Extremadura y la Oficina Extrajudicial de Resolución de Conflictos Laborales de la Región de Murcia pertenecen, por su parte, a las Fundaciones de Relaciones Laborales de sus Comunidades Autónomas.

En el modelo minoritario se opta, por el contrario, por una gestión interna a la Administración autonómica, a través de organismos integrados en los consejos de relaciones laborales. Así sucede con el Sistema Extrajudicial de Resolución de Conflictos Laborales de Andalucía (SERCLA) a través del Consejo Andaluz de Relaciones Laborales; con el procedimiento de resolución de conflictos laborales del País Vasco (PRECO) a través del Consejo Vasco de Relaciones Laborales o con el Acuerdo Interprofesional Gallego sobre Procedimientos Extrajudiciales de Solución de Conflictos de Trabajo (AGA), de carácter bipartito a diferencia de los anteriores, a través del Consejo Gallego de Relaciones Laborales.

II.4.3.3. Aspectos funcionales

Todos los acuerdos autonómicos de solución autónoma de conflictos laborales se refieren a la solución extrajudicial de los conflictos colectivos laborales, tanto jurídicos como de intereses. Además, desde el inicio, reconocen también la gestión de los conflictos individuales Navarra, Baleares, Aragón y Cataluña. Con el tiempo, han extendido también su aplicación a la solución de conflictos individuales o plurales los acuerdos de Andalucía, Cantabria, Castilla-La Mancha, Galicia, La Rioja, Madrid, mientras que se proponen hacerlo en el futuro los Acuerdos de Canarias, Comunidad Valenciana y Extremadura[14].

---

[14] GIL PÉREZ, M. E., "La solución autónoma de los conflictos laborales individuales. Un estudio de la evolución de los acuerdos interprofesionales autonómicos", Revista Galega de Direito Social, n º 6, 2018, p. 3-4; CON-

Paralelamente, va creciendo también el número de acuerdos autonómicos que amplían su ámbito funcional —al modo del VI ASAC— a los conflictos en el empleo público. Se han diferenciado a este respecto tres grupos fundamentales:

1º) los que incluyen expresamente en su ámbito de aplicación los conflictos entre el personal laboral y la Administración (como Andalucía y Canarias);

2º) los que no incluyen ni excluyen (como, por ejemplo, los acuerdos del País Vasco, Cataluña y Aragón);

3º) los que inicialmente excluyen, pero previéndose como excepción en los casos en que hubiera un acuerdo de adhesión (como, por ejemplo, Castilla-La Mancha y Comunidad Valenciana)[15].

Integraba, por cierto, este último grupo el acuerdo de Castilla y León, si bien en esta Comunidad Autónoma el gobierno autonómico eliminó, desconociendo la relevancia de los sistemas de solución autónoma de conflictos en la constitución de modelos democráticos de relaciones laborales, la consignación presupuestaria dedicada a la Fundación Servicio Regional de Relaciones Laborales (SERLA)[16].

II.4.4. Las Comisiones Consultivas Autonómicas de Convenios Colectivos

II.4.4.1. Regulación legal

En algunas Comunidades Autónomas (Asturias, Baleares, Castilla-La Mancha, Castilla y León, Cataluña, Comunidad Valenciana o País

---

SEJO ECONÓMICO Y SOCIAL DE CASTILLA-LEÓN, *El sistema de solución autónoma de...", op. cit.*, p. 18.

15 CONSEJO ECONÓMICO Y SOCIAL DE CASTILLA-LEÓN, *El sistema de solución autónoma de...", op. cit.*, p. 18.

16 BAZ RODRÍGUEZ, J., "La solución autónoma de conflictos laborales en Castilla y León: ¿ejecución de la legislación laboral sin financiación pública del SERLA? (a propósito del informe del Consejo Económico y Social de Castilla y León, de 3 de febrero de 2023), *Briefs AEDTSS*, 6, 2023.

Vasco) se han constituido en su ámbito competencial órganos consultivos y decisores de carácter colegiado con composición tripartita similares a la Comisión Consultiva Nacional de Convenios Colectivos. Las normas de creación de dichas comisiones consultivas autonómicas son las siguientes:

- Decreto 114/2013, de 4 de diciembre, de creación y regulación de la Comisión Consultiva de Convenios Colectivos del Principado de Asturias.
- Decreto 51/2013, de 29 de noviembre, por el que se crea y regula la Comisión Consultiva de Convenios Colectivos de las Illes Balears.
- Decreto 14/2014, de 3 de abril, se regula el Consejo Regional de Trabajo de Castilla y León y los Consejos Provinciales de Trabajo y se crea la Comisión de Convenios de Castilla y León.
- Decreto 245/2013, de 5 de noviembre, de organización y funcionamiento de la Comisión de Convenios Colectivos del Consejo de Relaciones Laborales.
- Decreto 88/2013, de 5 de julio, del Consell, por el que se regula el Consejo Tripartito para el Desarrollo de las Relaciones Laborales y la Negociación Colectiva de la Comunitat Valenciana.

Otras Comunidades se han limitado, sin embargo, a la constitución de comisiones encargadas en exclusiva de la inaplicación de los convenios colectivos estatutarios. Es el caso, en Galicia, de la Comisión Tripartita para la Inaplicación de Convenios Colectivos (Decreto 101/2015, de 18 de junio); en el País Vasco, del Órgano para la Resolución de los Procedimientos para la Inaplicación de Convenios Colectivos Estatutarios (ORPRICCE, Decreto 471/2013, de 30 de diciembre); y en Canarias, de la Comisión para la inaplicación de las condiciones de trabajo establecidas en los convenios colectivos en el ámbito de la Comunidad Autónoma de Canarias (Decreto 117/2014, de 12 de diciembre).

II.4.4.2. Aspectos organizativos

Se trata de órganos colegiados de composición tripartita, integrados por representantes de la Administración y de las organizaciones sindicales y empresariales más representativas de la de la Comunidad Autónoma correspondiente, que ejercen sus competencias con independencia y autonomía funcional.

II.4.4.3. Aspectos funcionales

Sus funciones vienen a ser, en la mayoría de los casos, las siguientes:

a) Funciones consultivas en orden al planteamiento y determinación del ámbito funcional de los convenios colectivos, así como la emisión del preceptivo informe en los procedimientos de extensión de un convenio colectivo establecido en el Art. 92.2 del ET. Estas funciones tan solo se desarrollarán respecto a los convenios colectivos que afecten únicamente al ámbito territorial de la Comunidad de que se trate.

b) Funciones decisorias sobre la solución de las discrepancias surgidas entre las empresas y los representantes de los trabajadores por falta de acuerdo en los procedimientos de inaplicación de las condiciones de trabajo previstas en el convenio colectivo de aplicación en los supuestos establecidos en el Art 83.2 del ET.

c) Cualquier otra función o competencia que por disposición legal le sea conferida.

Los dictámenes, informes y decisiones de estas Comisiones se entenderán siempre sin perjuicio de las atribuciones que correspondan a la autoridad laboral y a la jurisdicción competente en los términos establecidos por las leyes, así como de las previsiones contempladas en los sistemas de solución autónoma de conflictos fijados por la negociación colectiva.

II.5. LA PARTICIPACIÓN INSTITUCIONAL EN ORGANISMOS PÚBLICOS NO LABORALES

II.5.1. El Consejo Escolar del Estado

El Consejo Escolar del Estado está regulado en la Ley Orgánica 8/1985, de 3 de julio, reguladora del Derecho a la Educación, en el Real Decreto 694/2007, de 1 de junio, por el que se regula el Consejo Escolar del Estado y en la Orden ESD/3669/2008, de 9 de diciembre, por la que se aprueba el Reglamento de funcionamiento del Consejo Escolar del Estado.

El Consejo está constituido por el presidente, el vicepresidente, los consejeros y el secretario general. El presidente se nombra de entre personas de reconocido prestigio en el ámbito educativo. Ejerce la dirección y representación del Consejo, fija el orden dl día, convoca y preside las sesiones y vela por la ejecución de sus acuerdos. El vicepresidente se elige por el pleno del Consejo entre sus miembros y a propuesta del presidente. Los consejeros son 102 miembros de los que 4 son nombrados por las organizaciones sindicales más representativas (CCOO, UGT, ELS/STV y CIG) y 4 por las organizaciones empresariales más representativas (CEOE y CEPYME). Su mandato es por un periodo de cuatro años.

Se organiza en Pleno, en Comisión Permanente y en Junta de Participación de los Consejos Escolares Autonómicos y Ponencias.

La función del Consejo es generalmente consultiva. El Pleno del Consejo está compuesto por la presidenta, el vicepresidente y los consejeros y las consejeras. El Pleno debe ser consultado sobre las cuestiones siguientes:

- La programación general de la enseñanza.
- Las normas básicas que haya de dictar el Estado para el desarrollo del Art.27 de la CE o para la ordenación general del sistema educativo.
- Todas aquellas otras en que, por precepto expreso de una Ley, haya de consultarse al Consejo Escolar del Estado en Pleno.

- Aquellas cuestiones que, por su trascendencia, le sean sometidas por el ministro de Educación y Formación Profesional.
- Aprobar el Informe anual elaborado por la Comisión Permanente sobre el estado y situación del sistema educativo y hacerlo público.
- Aprobar y elevar al Ministerio de Educación y Formación Profesional las propuestas de la Comisión Permanente sobre cuestiones relacionadas con los puntos antes enumerados.

Por su parte, la Comisión permanente tiene un representante de UGT y otro de CEOE. La Comisión Permanente está formada por la presidencia, la vicepresidencia y la cuarta parte de cada uno de los grupos de consejeros y consejeras integrantes del organismo, elegidos de entre los consejeros y consejeras de cada grupo por los miembros de éstos. No están incluidos en la Comisión Permanente los presidentes/as de los Consejos Escolares Autonómicos.

La Comisión Permanente debe ser consultada con carácter preceptivo en los siguientes asuntos:

- Los proyectos de reglamento que hayan de ser aprobados por el Gobierno en desarrollo de la legislación básica de la enseñanza.
- La fijación de las enseñanzas mínimas y la regulación de las demás condiciones para la obtención, expedición y homologación de los títulos académicos y su aplicación en casos dudosos y conflictivos.
- Las disposiciones reglamentarias que se refieran al desarrollo de la igualdad de derechos y oportunidades en la enseñanza.
- La determinación de los niveles mínimos de rendimiento y calidad.
- La determinación de los requisitos mínimos que deben reunir los centros docentes para impartir las enseñanzas con garantía de calidad.
- Los que por disposición legal hayan de ser sometidos al Consejo y no se atribuyan expresamente a la competencia del Pleno.

- Cualquiera otra cuestión que le sea sometida por el Ministro de Educación y Formación Profesional.
- La elaboración del Informe anual que sobre el estado y situación del sistema educativo que ha de elevar al Pleno del Consejo para su aprobación.

Adicionalmente, la Comisión Permanente decide el número de Ponencias que deben elaborar los informes sobre los asuntos que se sometan a su deliberación, según el volumen y naturaleza homogénea de los mismos. Al menos debe constituirse una Ponencia de Dictámenes e Informes y otra Ponencia de Estudios para la elaboración del borrador del informe anual sobre el estado y situación del sistema educativo, aunque también podrán constituirse otras Ponencias.

Las ponencias de Dictámenes e Informes, así como la ponencia de Estudios estarán integradas por los consejeros y consejeras que apruebe la Comisión Permanente, a propuesta de la Presidencia. A estos efectos, la Comisión Permanente podrá decidir la incorporación de consejeros y consejeras no permanentes.

II.5.2. Los Consejos Económicos y Sociales de las Universidades

Dentro de la acción institucional de los agentes sociales en órganos no específicamente laborales cabe señalar los Consejos Económicos y Sociales de las Universidades Públicas. Todas las universidades cuentan con uno. De forma representativa analizaremos dos de ellas: la UVEG y la UB.

II.5.2.1. Universidad de Valencia. Estudio General

La regulación aplicable se encuentra en la Ley Orgánica 2/2023, de 22 de marzo, del Sistema Universitario, en la Ley 2/2003, de 28 de enero, de Consejos Sociales de las Universidades Públicas Valencianas, en el Decreto 48/2005, de 4 de marzo, del Consell de la Generalitat, por el que se aprueba el Reglamento de Organización y Funcionamiento del Consell Social de la Universidad de Valencia, en el Decreto 128/2004, de 30 de julio, por el que se aprueban los

Estatutos de la Universidad de Valencia y en la Resolución de 26 de enero, del Rector en ejecución del Acuerdo del Pleno del Consell Social de 28 de diciembre de 2004.

El órgano está compuesto por su el presidente/a, seis vocales en representación del Consejo de Gobierno de la Universidad y dieciocho vocales que se designan en representación de los intereses sociales de la Comunidad Valenciana entre los que se encuentran tres designados por las organizaciones sindicales más representativas de la Comunidad Valenciana y tres designados por las organizaciones empresariales más representativas en la Comunidad Valenciana. Los vocales se designan por el titular de la Conselleria de Universidades de la Comunidad Valenciana.

El Consejo Social de la Universidad se organiza en Pleno, Presidencia, Comisiones y Secretario/a.

El Pleno celebrará al menos cuatro reuniones anuales, en los meses de marzo, junio, septiembre y diciembre.

El Pleno del Consell Social de la Universidad de València de 28 de diciembre de 2004 acordó por unanimidad delegar competencias en la Comisión de Asuntos Económicos, en la Comisión de Asuntos Académicos, en el Rector de la Universidad de Valencia y en el Gerente de la Universidad de Valencia.

II.5.2.2. Universidad de Barcelona

La regulación aplicable se encuentra en la Ley Orgánica 2/2023, de 22 de marzo, del Sistema Universitario, en la Ley 1/2003, de 19 de febrero, de Universidades de Cataluña y en el Decreto 246/2003, de 8 de octubre, por el que se aprueba el Estatuto de la Universidad de Barcelona.

El órgano está compuesto por quince miembros: nueve personas representantes de la sociedad catalana y seis miembros de la universidad. Las nueve personas son elegidas de la siguiente manera: dos designadas por el Parlamento de Cataluña; tres designadas por el Gobierno de la Generalitat, incluido el presidente del Consejo; una elegida por el Ayuntamiento de Barcelona; una seleccionada por las organizaciones sindicales más representativas de Cataluña; una elegida por las organizaciones empresariales; un antiguo alumno con titulación de la Universidad de Barcelona.

No obstante, en los miembros actuales del Consell Social de la Universidad de Barcelona no consta nadie designado por el Ayuntamiento de Barcelona y de los nombrados por las organizaciones empresariales y los sindicatos hay dos de cada uno de ellos.

II.5.3. Sanidad

II.5.3.1. El Foro Marco para el Diálogo Social

La regulación aplicable se encuentra en la Ley 16/2003, de 28 de mayo, de cohesión y calidad del Sistema Nacional de Salud, en la Ley 55/2003, de 16 de diciembre, del Estatuto Marco del personal estatutario de los servicios de salud y en el Real Decreto 182/2004, de 30 de enero, por el que se determina la composición de la Comisión de Recursos Humanos del Sistema Nacional de Salud.

Este órgano depende de la Comisión de Recursos Humanos del Sistema Nacional de Salud y en él estarán representadas las organizaciones sindicales más representativas del sector sanitario (constituido por las Administraciones públicas presentes en la Comisión de Recursos Humanos y las organizaciones sindicales más representativas en el sector sanitario).

El órgano debe ser informado de los acuerdos de las mesas sectoriales del sector sanitario y de las mesas generales que afecten a dicho sector.

Deben ser convocados para negociar los contenidos de la normativa básica de personal estatutario de los servicios de salud. Estas reuniones se pueden convocar por el Ministerio de Sanidad y Consumo, por la solicitud de todas las organizaciones sindicales presentes en el Foro o por acuerdo entre ambas partes. Se debe realizar, al menos, una reunión al año.

II.5.3.2. El Comité Consultivo del Consejo Interterritorial del Sistema Nacional de Salud

Este Comité está regulado por la ley 16/2003, de 28 de mayo, de cohesión y calidad del Sistema Nacional de Salud.

El Comité Consultivo es el órgano, dependiente del Consejo Interterritorial del Sistema Nacional de Salud, mediante el cual se hace efectiva, de manera permanente, la participación social en el Sistema Nacional de Salud, y se ejerce la participación institucional de las organizaciones sindicales y empresariales en el Sistema Nacional de Salud.

El Comité Consultivo estará presidido por el representante de la Administración General del Estado que designe el ministro de Sanidad y Consumo y estará integrado por los siguientes miembros:

- Seis representantes de la Administración General del Estado.
- Seis representantes de las Comunidades Autónomas.
- Cuatro representantes de la Administración local.
- Ocho representantes de las Organizaciones empresariales.
- Ocho representantes de las Organizaciones sindicales más representativas en el ámbito estatal.

Sus funciones serán la de informar, asesorar y formular propuestas sobre materias que resulten de especial interés para el funcionamiento del Sistema Nacional de Salud y, en cualquier caso, sobre:

- Los proyectos normativos que afecten a las prestaciones sanitarias, su financiación y el gasto farmacéutico.
- Los planes integrales de salud, cuando sean sometidos a su consulta.
- Las disposiciones o acuerdos del Consejo Interterritorial del Sistema Nacional de Salud, que afecten directamente a materias relacionadas con los derechos y deberes de los pacientes y usuarios del sistema sanitario.

- Los proyectos de disposiciones que afecten a principios básicos de la política del personal del Sistema Nacional de Salud.
- Cuantas otras materias le atribuya el Consejo Interterritorial del Sistema Nacional de Salud.

El Comité Consultivo recibirá los anteproyectos de ley y los proyectos de disposiciones generales en materia sanitaria elaborados por la Administración General del Estado, así como los informes anuales sobre el estado del Sistema Nacional de Salud, los análisis y estudios que se elaboren sobre las prestaciones a las cuales se refiere el Capítulo I de esta ley y se remitan al Consejo Interterritorial; asimismo, por iniciativa propia o del Consejo Interterritorial, formulará propuestas de cuantas medidas estime oportunas acerca de la política sanitaria.

II.5.4. Las Cajas de Ahorro

Las Cajas de Ahorros disponen de participación institucional. Se analizarán dos de ellas como muestra: la Caja de Onteniente y la Caja de Ahorros de PollenÇa.

II.5.4.1. La Caja de Onteniente

La regulación proviene de la Ley 26/2013, de 27 de diciembre, de cajas de ahorros y fundaciones bancarias y de los estatutos de la entidad.

La representación de los intereses de las entidades en la Asamblea General se ajustará a la voluntad del fundador de la misma y el número de consejeros generales designados por las entidades representativas de intereses colectivos no excederá, en su caso, del 20 por ciento. En el caso de la Caja de Onteniente la Asamblea General estará formada por cuarenta y siete miembros de los que tres consejeros generales provienen de Entidades representativas de intereses colectivos

Las funciones de la Asamblea General son:

- El nombramiento de los vocales del consejo de administración y de los miembros de la comisión de control, de la comisión de retribuciones y nombramientos y de la comisión de obra social, así como la adopción de los acuerdos de separación del cargo que correspondan de conformidad con lo establecido en el Art.19 de esta Ley.

- La aprobación y modificación de los estatutos y del reglamento.
- La disolución y liquidación de la entidad, su fusión o integración con otras y su transformación en una fundación ordinaria o bancaria.
- Definir anualmente las líneas generales del plan de actuación de la entidad, para que pueda servir de base a la labor del consejo de administración y de la comisión de control.
- La aprobación, en su caso, de la gestión del consejo de administración y de las cuentas anuales.
- La creación y disolución de obras sociales, así como la aprobación de sus presupuestos anuales y de la gestión y liquidación de los mismos.
- Cualesquiera otros asuntos que se sometan a su consideración por los órganos facultados al efecto.

II.5.4.2. La Caja de Ahorros de Pollença

La regulación proviene de la ley 26/2013, de 27 de diciembre, de cajas de ahorros y fundaciones bancarias y de los estatutos de la entidad.

La representación de los intereses de las entidades en la Asamblea General se ajustará a la voluntad del fundador de esta y el número de consejeros generales designados por las entidades representativas de intereses colectivos no excederá, en su caso, del 20 por ciento. En el caso de la Caja de Pollença la Asamblea General estará formada por treinta y seis miembros de los que seis consejeros generales provienen de Entidades representativas de intereses colectivos.

Las funciones de la Asamblea General son:

- El nombramiento de los vocales del consejo de administración y de los miembros de la comisión de control, de la comisión de retribuciones y nombramientos y de la comisión de obra social, así como la adopción de los acuerdos de separación del cargo que correspondan de conformidad con lo establecido en el Art.19 de esta Ley.
- La aprobación y modificación de los estatutos y del reglamento.
- La disolución y liquidación de la entidad, su fusión o integración con otras y su transformación en una fundación ordinaria o bancaria.
- Definir anualmente las líneas generales del plan de actuación de la entidad, para que pueda servir de base a la labor del consejo de administración y de la comisión de control.
- La aprobación, en su caso, de la gestión del consejo de administración y de las cuentas anuales.
- La creación y disolución de obras sociales, así como la aprobación de sus presupuestos anuales y de la gestión y liquidación de estos.
- Cualesquiera otros asuntos que se sometan a su consideración por los órganos facultados al efecto.
- Las determinadas en el Art. 20 de los Estatutos de la Caja.

III. La Concertación Social

III.1. SU FUNDAMENTO

Independientemente de los cauces institucionales, sin un fundamento normativo preciso o aprovechando los cauces de la negociación colectiva, discurre una vía de participación sindical y empresarial llamada genérica y ambiguamente *"concertación social"*.

Hablar de *"concertación social"* es hablar de algo sin contornos definidos o institucionalizados, pudiendo referirse a una variedad de situaciones heterogéneas.

Sin embargo, en todas las experiencias reconducibles en sentido amplio a la *"concertación social"* es posible encontrar en común un *"intercambio político"* entre los agentes sociales y el Estado. Así:

a) El Estado interviene en la autonomía colectiva de las partes sociales y las partes sociales intervienen en la actuación del Estado.

2º) Y el Parlamento pierde importancia en beneficio de los agentes sociales (empresariado y sindicatos) y del Gobierno, que serán los actores principales de la concertación social, siendo precisamente por estas razones por las que ha sido criticada la concertación social por la ortodoxia del Estado de Derecho, con acusaciones de *"neocorporativismo"*, esto es, de *"suplantar la vía parlamentaria"*.

Sin embargo, conviene no olvidar una diferencia fundamental existente entre los *"corporativismos autoritarios"* y las *"prácticas neocorporativistas actuales"*. En la concertación social, aunque se dé entrada en la toma de decisiones políticas a los agentes sociales a través del pacto, no se secuestra por ello la libertad de estos últimos: la concertación social nunca es obligatoria sino voluntaria y los agentes sociales tienen siempre libertad para pactar o no pactar y el Estado para aceptar o no los resultados del pacto[17].

---

[17] Existe un intenso debate acerca de los límites del objeto de la concertación social. Si bien la mayoría de la doctrina se decanta por una interpretación

III.2. LAS EXPERIENCIAS DE CONCERTACIÓN SOCIAL EN ESPAÑA

La concertación social puede adoptar diversas modalidades. Básicamente, las siguientes:

1ª) En primer lugar, la fórmula de la *"legislación negociada"*. En ella, los sindicatos y las asociaciones empresariales negocian el contenido de una ley o norma reglamentaria y el acuerdo lo hace suyo el Parlamento o el Gobierno.

2ª) En segundo lugar, la fórmula del *"pacto social tripartito"*. Se trata de acuerdos tripartitos negociados directamente por el Gobierno, los sindicatos y las asociaciones empresariales, comprometiéndose todos ellos.

3ª) En tercer lugar, la fórmula del *"acuerdo o convenio marco"*. Se trata de acuerdos bipartitos entre sindicatos y asociaciones empresariales que, a diferencia de los convenios colectivos en sentido propio, no pretenden pactar condiciones de trabajo de directa aplicación a trabajadores y empresariales individuales, sino establecer las condiciones de la negociación colectiva, esto es, la estructura de la negociación colectiva inferior, los topes salariales a la negociación colectiva, las condiciones mínimas y máximas de los posteriores pactos, la solución de los conflictos colectivos, etc. Normalmente son acuerdos interconfederales e intersectoriales y vinculan a las federaciones

---

expansiva, hay algunos autores que se manifiestan a favor de una interpretación más restrictiva. Sobre la primera posición, véase, por todos, GOÑI SEIN, J. L., "Rol institucional y atribuciones de facto de los sindicatos implantados y minoritarios", en CRUZ VILLALÓN, J., MENÉNDEZ CALVO, M. R., y NOGUEIRA GUASTAVINO, M. (coords.), *Representación y representatividad colectiva en las relaciones laborales. Libro homenaje a Ricardo Escudero Rodríguez*, Editorial Bomarzo, 2017, pp. 277-296, y doctrina ahí citada. En sentido contrario, por todos, RODRÍGUEZ CARDO, I. A., "La representación institucional de los sindicatos y el Tribunal Constitucional", *Revista Doctrinal Aranzadi Social*, n.º 11, 2014, y doctrina ahí citada.

de sindicatos o de asociaciones empresariales a la hora de negociar convenios colectivos de ámbito inferior.

4ª) En cuarto lugar, la fórmula de la *"negociación en mesas separadas"* entre el Gobierno y los sindicatos y/o entre el Gobierno y las asociaciones empresariales con identidad de temas o con temas distintos, pudiendo dar lugar también esta fórmula a la *"legislación negociada"*, de carácter bilateral o trilateral, según los casos.

En la experiencia histórica española de los últimos años se han dado todas las fórmulas de concertación indicadas.

Así, de legislación negociada (el Acuerdo Básico Interconfederal de 10 de julio de 1979 entre la CEOE y la UGT acerca de las bases de una futura ley de negociación colectiva, acuerdo que asumieron los diputados de UCD y socialistas y que se convertiría en el Título III del ET o el reciente Real Decreto-ley 32/2021, de 28 de diciembre, de medidas urgentes para la reforma laboral, la garantía de la estabilidad en el empleo y la transformación del mercado de trabajo); de pacto social tripartito (el Acuerdo Nacional de Empleo de 1982 o el Acuerdo Económico y Social de 1984); de acuerdo marco (el Acuerdo Marco Interconfederal de 1980 o los sucesivos Acuerdos Interconfederales de Negociación Colectiva); y de negociación en mesas separadas (periodo de 1996 a 1998).

El año 1979 fue el año que marcó el inicio de los procesos de concertación, llegando hasta 1986 (Acuerdo Básico Interconfederal de 1979, Acuerdo Marco Interconfederal de 1980 y Acuerdo Marco Interconfederal de 1981, Acuerdo Nacional de Empleo de 1982, Acuerdo Interconfederal de 1983 y Acuerdo Económico y Social de 1984-86).

Con posterioridad a 1986 fracasaron los intentos del Gobierno socialista para lograrla. En el año 1989 se reabrió un nuevo proceso de concertación social, con resultados desiguales, de acuerdo con un modelo de negociación paralela a dos bandas, llegándose a acuerdos puntuales (así, por ejemplo, acerca del proyecto de ley sobre derechos de información de los representantes de los trabajadores en materia de contratación o en materia de formación profesional). Más tarde, se intentó concertar el Pacto por el Empleo (1993) y la Reforma del Mercado de Trabajo (1994), con saldo claramente negativo, si bien se lograron acuerdos parciales suscritos por distintos interlocutores según los casos (Acuerdo Administración-Sindicatos para el periodo 1995-1997, sobre condiciones de trabajo en la función pública, entre la Administración General del Estado, UGT, CCOO, CS-CSIF y CIG; Acuerdo para la Reforma del Plan de Empleo Rural, entre el Ministerio de Trabajo y Seguridad Social, UGT y CCOO; Acuerdo Interconfederal en materia de Ordenanzas Laborales y Reglamentaciones de Trabajo, entre UGT, CCOO, CEOE y CEPYME; Acuerdo sobre solución extrajudicial de conflictos laborales, entre UGT, CCOO, CEOE y CEPYME).

Con el Gobierno del Partido Popular, a lo largo de los años 1996 a 1998, se constituyeron una serie de mesas de concertación de naturaleza muy diversa: tripartitas, unas (para el desarrollo reglamentario de la Ley de prevención de riesgos laborales; para el establecimiento del servicio Interconfederal de Mediación y Arbitraje creado en el ASEC; y para la formación profesional); bipartitas, otras, siguiendo la fórmula de las "*mesas separadas*" entre la Administración y los Sindicatos y entre la Administración y las organizaciones empresariales (sobre el Plan de Empleo Rural, el sector público empresarial, los funcionarios públicos y el desarrollo del Pacto de Toledo sobre las pensiones públicas de la Seguridad Social), de muy desigual funcionamiento y resultados. Con posterioridad se negociaron los tres Acuerdos de Reforma Laboral de abril de 1997 (Acuerdo Interconfederal para la estabilidad en el empleo, Acuerdo Interconfederal sobre Negociación Colectiva y Acuerdo sobre Cobertura de Vacíos). Y en 1999 la reforma del contrato de trabajo a tiempo parcial entre el Gobierno y los sindicatos, con ausencia de los empresarios. Posteriormente fracasó la concertación de la reforma laboral establecida por el Real Decreto-Ley 5/2001, de 2 de marzo (más tarde, Ley 12/2001, de 9 de julio) y la reforma de la protección por desempleo (Real Decreto-Ley 2/2002, de 24 de mayo).

Con el Gobierno Socialista del Sr. Zapatero se inició una nueva etapa de concertación social, caracterizada por la voluntad política declarada de propiciar el diálogo social, manifestada en el Programa Electoral del PSOE.

Así, el 8 de julio de 2004 se suscribirá por el Gobierno, CEOE/ CEPYME y UGT/CCOO la *"Declaración para el Diálogo Social"*, apostando rotundamente por él y estableciendo trece *"ámbitos de diálogo social:* mercado de trabajo, estrategia europea de empleo, inmigración laboral, formación permanente, políticas activas de empleo y servicios públicos de empleo, instituciones laborales, política laboral y sostenimiento medioambiental, salario mínimo interprofesional, información, consulta y participación de los trabajadores y sus representantes en las empresas, prevención de riesgos laborales, estructura de la negociación colectiva, participación institucional de los sindicatos y organizaciones empresariales y Seguridad Social.

Con esta Declaración se creó un nuevo modelo de concertación social, por cuanto ya no se trataba de una concertación social *"puntual o estática"* sino de una concertación social *"dinámica, institucional o permanente"*, esto es, de un *"proceso de concertación social"* de duración indeterminada que no se agota con cada acuerdo o desacuerdo puntual.

Este nuevo proceso de concertación social dio algunos frutos, entre otros, en materias de prevención de riesgos laborales, de negociación colectiva, de Seguridad Social, de salario mínimo interprofesional o de Administraciones Públicas.

Con posterioridad, sin embargo, el abordaje, coincidente con la crisis económica, de la Reforma Laboral, por parte de los sucesivos Gobiernos Socialista y Popular, de más de tres años de duración, no constituyó un proceso de diálogo social ciertamente edificante.

Finalmente, con la constitución del Gobierno Bipartito (PSOE y Unidas/Podemos), coincidente con la crisis sanitaria de la COVID-19, se relanzó en un primer momento con éxito la concertación social de las grandes cuestiones (salario mínimo interprofesional, ERTES o reforma laboral), si bien posteriormente fracasó respecto de la última modificación del salario mínimo interprofesional y de la reforma de las pensiones.

III.3. LA EFICACIA JURÍDICA DE LA CONCERTACIÓN SOCIAL

El principal problema que plantea la concertación social desde el ángulo jurídico es el de su naturaleza o eficacia. Ciertamente, la naturaleza varía según el tipo de concertación de que se trate.

Por lo que se refiere a las fórmulas de legislación negociada, todo se reducirá a pactos de eficacia política y no jurídica.

En cuanto a los acuerdos marco, su fundamento se encuentra en el ET, al prever su Art. 83.2 la posibilidad de negociar acuerdos interprofesionales o convenios colectivos marco entre las organizaciones sindicales y patronales más representativas, de carácter estatal o de comunidad autónoma con un contenido regulador de futuros convenios colectivos subordinados. El propio Art. 83.3 del ET atribuye a estos acuerdos *"el tratamiento de esta ley para los convenios colectivos"*.

Los pactos sociales poseen una naturaleza distinta a los acuerdos marco por su carácter tripartito, dada la intervención del Gobierno.

Cabe distinguir, sin embargo, entre los pactos sociales puros —donde únicamente se establecen acuerdos tripartitos que comprometen a Gobierno, patronal y sindicatos firmantes— y los pactos sociales mixtos donde, además de lo anterior, se establecen acuerdos marco entre asociaciones empresariales y sindicales firmantes. En estos casos, la parte de los pactos sociales correspondiente a acuerdos bipartitos entre asociaciones patronales y sindicales tendrá la naturaleza jurídica del acuerdo marco y por lo que se refiere a los pactos sociales puros o a la parte de los mixtos correspondiente a compromisos tripartitos, la intervención del Estado impide considerar a los pactos sociales como manifestación de la autonomía colectiva reconocida en el Art. 37.1 de la CE, tratándose de pactos de naturaleza estrictamente cuyo cumplimiento no podrá exigirse judicialmente.

La naturaleza de los pactos a los que se llegue en las *"mesas de concertación social separadas"* entre el Gobierno y los sindicatos o entre el Gobierno y las asociaciones empresariales será igualmente política, como en el caso de los acuerdos tripartitos del pacto social, plasmándose más tarde en "*leyes*" o en "*reglamentos negociados*".

En la experiencia histórica española han sido siempre los sindicatos más representativos los llamados por el Gobierno a negociar los pactos sociales tripartitos o bipartitos.

IV. Conclusiones valorativas finales y propuestas de futuro

Una valoración crítica de la acción institucional de los agentes sociales en España arrojaría el siguiente resultado:

1º) La concertación social ha sido sin duda consustancial al proceso de cambio político de la Dictadura Franquista a la Democracia durante el proceso de transición y ha formado parte del *adn* de las reformas laborales españolas de los años posteriores, ya que frecuentemente aquellas reformas efectuadas sin consenso han fracasado y solamente han sido exitosas aquellas otras negociadas y acordadas previamente por los agentes sociales, con independencia de su valor material. Todo lo cual debe valorarse muy cuidadosa y positivamente.

2º) La participación institucional de los agentes sociales en los distintos organismos públicos, internacionales, comunitarios y nacionales debe ser también valorada positivamente, si bien ha pecado en los distintos ámbitos de las políticas públicas en las que se ha manifestado de diferente, dispersa y heterogénea, habiendo faltado la definición de una participación institucional articulada en el contexto de un Estado descentralizado, para evitar los incumplimientos formales y materiales, así como el vaciamiento de sus funciones y contenidos y que aclare la cuestión fundamental de la financiación de organizaciones empresariales y sindicales, históricamente abandonada al albur de los distintos presupuestos.

3º) A la vista de las múltiples e importantes funciones reseñadas en el presente Informe llevadas a cabo por las organizaciones sindicales y empresariales —a las que habría que añadir las importantísimas funciones de negociar convenios colectivos de eficacia normativa y de aplicación personal general o *erga omnes*—, la primera conclusión valorativa es la de que unas y otras cumplen, como ordena el Art. 7 de la CE, siendo consideradas por el Tribunal Constitucional como *"asociaciones de relevancia constitucional"*, una destacada función política en un Estado Social y Democrático de Derecho, cuya existencia es la pretensión final de nuestra Constitución. Y ello con independencia de la valoración crítica que pueda hacerse desde distintos ángulos de opinión a la concreta actuación de las mismas.

Se trata de funciones consultivas del mayor nivel las realizadas en el seno de los distintos Consejos Consultivos o las efectuadas en los organismos de gestión de la negociación colectiva, de los conflictos colectivos, de las Entidades gestoras de la Seguridad Social o de la Prevención de Riesgos Laborales, amén de las múltiples ocasiones en que son puntualmente consultados para la elaboración de normas laborales o de otra naturaleza.

No es posible aceptar, por tanto, el relato alicorto de las tópicas críticas neoliberales a estas organizaciones que verían con agrado su desaparición del panorama político español, empobreciéndose así los múltiples canales a través de los que una democracia social moderna se consolida.

4º) Toda la actividad pública anteriormente descrita llevada a cabo por los sindicatos y asociaciones empresariales, propia de una democracia social avanzada, necesita razonablemente de una actuación promotora por parte del Estado, prevista genéricamente por el Art. 9.2 de la CE y actualmente deshilachada en diversas normas legales y reglamentarias.

Esta promoción debería seguramente concretarse en una futura *"Ley de Acción Institucional"* que garantizara a los sindicatos y a los empresarios la realización de estas actividades ordenándolas y regulara el delicado problema de su financiación, compensando mínimamente la actividad pública que estas organizaciones profesionales realizan y clarificando las fuentes de financiación de las mismas.

Esta norma no debería desaprovechar la oportunidad de clarificar, dentro del marco constitucional, la forma de cómputo de la representatividad necesaria de las asociaciones empresariales para la participación en los órganos consultivos del Estado, en el diálogo social y en la acción institucional en general. Como ha señalado la doctrina, la actual fórmula de cómputo de la representatividad empresarial está basada en una ficción jurídica con ausencia de censo fiable[18] que quizá tuviera sentido en su momento. Sin embargo, actualmente, la tecnología podría proporcionar datos reales, verificables y a bajo coste sobre el número de empresas asociadas y personas trabajadoras en ellas que permitiera objetivar la representatividad empresarial[19].

Adicionalmente, el actual Gobierno ha comenzado una senda de inclusión de asociaciones empresariales más representativas de comunidad autónoma (DF 1ª del RD-l 2/2024, de 21 de mayo) en algunos organismos, con fuerte oposición por parte de los actuales ocupantes. La STS (Sala de lo Contencioso-Administrativo, Sección 4ª) de 31 mayo 1999 (rec. 404/1994), en interpretación de la DA 6ª ET dejó en manos de la normativa de cada órgano decidir la inclusión de representantes de las asociaciones más representativas de comunidad autónoma. No obstante, parece que tendría sentido una unificación de criterios a través de la propuesta "Ley de participación institucional" para los distintos órganos.

5ª) Las actuaciones a llevar a cabo por todos estos organismos —de observatorio socioeconómico, de consulta, de información, de decisión en determinadas situaciones de la negociación colectiva (de inaplicación o extensión de convenios colectivos) y de solución extrajudicial de conflictos colectivos— podría llevarlas a cabo directamente, superando así la dispersión actual, un Consejo Económico y Social Estatal en coordinación con unos Consejos Económicos y Sociales Autonómicos, con funciones de *"think tank"*, consultivas y ejecutivas, organizados lógicamente en distintas secciones y practicando en su organización la geometría representativa irregular.

Es evidente en este sentido que, en relación con la titularidad del derecho de participación institucional tiene que acudirse, por aplicación de la LOLS, al criterio de la mayor representatividad como regla general, si bien salvando —quizá al modo de algunas de las vigentes

---

18 LAHERA FORTEZA, J., "La representatividad empresarial en la negociación colectiva: problemas y alternativas", *Derecho de las relaciones laborales*, n.º 10, 2019, p. 967.

19 En este sentido ver, CRUZ VILLALÓN, J., "La representatividad empresarial: diagnóstico y propuestas de reforma", Derecho de las relaciones laborales, n.º 2, 2019, pp. 165-166.

leyes autonómicas de participación institucional— la posible participación de los sindicatos simplemente representativos, pues no cabe olvidar que su presencia deriva, en ocasiones, de lo dispuesto por la jurisprudencia constitucional. Así, no cabe excluir sin más a los sindicatos no representativos tratándose, por ejemplo, del ejercicio de las competencias de organización de las Comunidades Autónomas —por todas, STC 98/1985, de 29 de julio—; o en ámbitos concretos —por todas, STC 184/ 1987, de 18 de noviembre—; o cuando las funciones del órgano no se refieran únicamente a la defensa de los intereses de los trabajadores —por todas, STC 183/1992, de 16 de noviembre—.

Como recuerda la STC 63/2024, de 10 de abril, "*La necesidad de conciliar la igualdad de trato de los sindicatos con la necesaria «promoción del hecho sindical», evitando una «atomización» que impida el eficaz ejercicio de las funciones de relevancia constitucional encomendadas a los sindicatos en el art. 7 CE, determina (…) que el legislador pueda establecer diferencias de trato entre sindicatos siempre que estén basadas en criterios objetivos y razonables. Por ello, el derecho de las organizaciones sindicales a no ser tratadas de forma discriminatoria por los poderes públicos se vulnera cuando la desigualdad está desprovista de una justificación objetiva y razonable, lo que debe apreciarse en relación con la finalidad y efectos de la medida considerada, debiendo darse una relación razonable de adecuación entre los medios empleados y la finalidad perseguida (SSTC 20/1985, de 14 de febrero, FJ 2). Como señala la STC 147/2001, en el marco de un problema de límites, las diferencias de trato entre los sindicatos tienen que cumplir con los requisitos de objetividad, adecuación y razonabilidad*". En este sentido, aunque el criterio de la mayor representatividad es uno de los que el TCO ha venido considerando válido para establecer un trato diferencial entre sindicatos sin merma de los derechos reconocidos en los Arts. 14 y 28 CE, no resulta admisible "*allí donde su utilización puede acabar afectando desproporcionadamente al núcleo esencial de las funciones garantizadas en el art. 28.1 CE, lo que este tribunal ha considerado que ocurre en lo relativo a «la concesión de subvenciones para fines generales de todos los sindicatos con exclusión de los demás» (…). No obstante, incluso en relación con la distribución de subvenciones, cuando estas vienen ligadas a la realización de concretos programas o actividades, nuestra doctrina ha aceptado la posibilidad de un trato más favorable para las organizaciones sindicales más representativas en función de «la real existencia de una mayor o menor carga organizativa necesaria para una eficaz puesta en práctica» de las actividades correspondientes (STC 147/2001, de 27 de junio, FJ 4)*".

6°) En cuanto a las actuaciones principales y urgentes a llevar a cabo por estos Consejos en la promoción de la negociación colectiva y de la solución extrajudicial de los conflictos laborales, cabría sugerir lo siguiente:

A) Respecto de la "*negociación colectiva*", las funciones a desempeñar debieran centrarse:

a) En primer lugar, en la elaboración y mantenimiento de un "*mapa de la negociación colectiva*" que comprendiera los acuerdos interprofesionales y los convenios colectivos vigentes, las modificaciones de determinadas cláusulas, normalmente salariales, las prórrogas "*ex Art. 86.2 del ET*" por falta de denuncia, los convenios colectivos en situación de ultraactividad y las decisiones sobre inaplicación de los convenios colectivos. Y para ello se necesita la lógica conexión entre los distintos Consejos, Estatal y Autonómicos; la absoluta colaboración de los agentes sociales (sindicatos y asociaciones empresariales) y el encargo de tal actividad a un grupo técnico especializado. El proceso de elaboración de este Mapa puede resultar ciertamente largo. Piénsese en este sentido que en la CCNCC se inició esta tarea en el 2010, hace más de diez años, y se cerró parcialmente en el año 2017.

b) En segundo lugar, en la elaboración y mantenimiento de un "*banco de datos*" para impulsar los contenidos de la negociación colectiva. Ello consistiría en tabular por materias o contenidos negociales las distintas cláusulas negociadas a nivel estatal y en cada Comunidad Autónoma sobre las mismas por los sindicatos y asociaciones empresariales más representativas, como ya existe en alguna Comunidad Autónoma. Así, las cláusulas de igualdad de género, salariales, de tiempo de trabajo, de vacaciones, de prevención de riesgos laborales, etc.

De esta manera se "*excitaría*" la imaginación de los negociadores de los convenios colectivos, que podrían acudir a este para *"inspirarse"* y también para *"concretar la redacción"* de una determinada cláusula convencional, mejorándose así previsiblemente la calidad en la redacción de los convenios colectivos.

c) En tercer lugar, en el estudio preventivo de los distintos ámbitos funcionales de los convenios colectivos sectoriales y subsectoriales aplicables en la Comunidad Autónoma. Considérense, en este sentido, de un lado, que muchos de los ámbitos funcionales de estos convenios se copian del convenio colectivo anterior, remontándose en ocasiones a los ámbitos funcionales de las antiguas Reglamentaciones de Trabajo y Ordenanzas Laborales del franquismo, sin recoger los subsectores o nuevas actividades empresariales surgidas en el sector o subsector a lo largo de los años, convirtiéndose los ámbitos funcionales de muchos convenios colectivos en algo obsoleto e inservible, provocador además de infinidad de conflictos de aplicación; y, de otro lado, que, entre las funciones de las actuales Comisiones Consultivas de Convenios Colectivos, estatal y autonómicas, en materia de ámbitos funcionales de los convenios colectivos, además de *"interpretar un convenio colectivo vigente en orden a determinar su ámbito funcional de aplicación"*, la norma reguladora se refiere a consultas sobre *"el planteamiento adecuado del ámbito funcional de un convenio colectivo que se pretende negociar"*, desconociéndose hasta la fecha que se haya planteado nunca una consulta *"a priori"* de la negociación, planteándose éstas siempre *"a posteriori"* de la misma, con la conflictividad subsiguiente.

Conviene recalcar que esta función es fundamental, porque de nada sirve negociar un convenio colectivo si no se sabe a qué empresas ha de aplicarse. Tan simple y tan importante como eso. Para ello habría que quebrar el juego de *"los pequeños poderes"* de determinadas federaciones sindicales o empresariales *"perezosas"* o *"reacias"* para enfrentarse frontalmente con esta importante cuestión.

B) En cuanto a los *"procedimientos extrajudiciales de solución de los conflictos laborales"*, habría que traer seguramente a colación dos aspectos que parecen fundamentales:

a) Por una parte, la supresión de la intervención de la actual CCNCC u órgano equivalente autonómico en los supuestos de inaplicación de condiciones establecidas en los convenios colectivos.

En estos casos debería establecerse en los Acuerdos Interprofesionales sobre procedimientos de solución extrajudicial de conflictos laborales compromisos de sometimiento obligatorio de estas controversias al arbitraje previsto en los correspondientes Acuerdos Interprofesionales (los denominados *"arbitrajes voluntarios/obligatorios")*, aun siendo conscientes del recelo que suscitan en el seno de las distintas asociaciones empresariales y sindicales.

b) Por otra parte, abundar en estos mismos acuerdos interprofesionales en la necesidad de la prevención del conflicto, permitiendo la utilización de los procedimientos de conciliación/mediación y arbitraje para la solución de los conflictos potenciales y no necesariamente para los ya producidos, como han previsto ya el Acuerdo Interprofesional estatal y algunos Acuerdos Interprofesionales de Comunidad Autónoma; y desarrollar otros procedimientos preventivos del conflicto tales como la asistencia en las negociaciones, quejas, procedimientos sobre violencia y acoso en el trabajo, etc.

C) Una actividad hasta ahora inexistente y abandonada a los distintos agentes sociales por separado, celosos en este sentido de su *"intimidad formativa"*, podría ser la creación de una Escuela abierta de Formación de Negociadores y de Mediadores y Árbitros común para los sindicatos y las asociaciones empresariales, para la que sin duda puede haber ciertas *"reticencias"*, a nuestro juicio infundadas, ya que la formación en esta eventual Escuela no estaría reñida con las instrucciones necesarias para una negociación colectiva de cada uno de los interlocutores sociales.

7º) Para todo lo anterior, es absolutamente necesaria la presencia de un *"espíritu pactista"* en el seno de todos y cada uno de estos organismos. Si los representantes empresariales y sindicales en estos organismos no son capaces de llegar a acuerdos transcendiendo de la representación de sus intereses respectivos, confundiendo la *"reivindicación"* con la *"participación"*, para poco van a servir todos estos mecanismos de acción institucional.